一般社団法人 金融検定協会 認定

資産査定3級
検定試験模擬問題集
24年度試験版

■ 金融検定協会 編

銀行研修社

は　じ　め　に

　1998年4月から早期是正措置が導入され、金融機関は自らの責任において資産を適正に査定（自己査定）し、適切な自己資本比率を算定することが求められています。この自己査定の適切性を検査するため、金融監督庁（現金融庁）は、「金融検査マニュアル」を策定しました。

　2002年6月には、中小・零細企業等の債務者区分の判断に関する検証ポイントおよび検証ポイントの具体的な運用事例からなる「金融検査マニュアル別冊〔中小企業融資編〕」が別途作成されました。その後、金融検査マニュアル、同別冊は、監督指針とともに、企業をとりまく経済環境や金融環境を背景に改定が繰り返され、2009年12月に施行された「中小企業金融円滑化法」の期限延長・終了に対応する形で更新改訂が行われました。また2019年12月、これまでの実務のベースとなっていた金融検査マニュアルが廃止され、新たに「検査マニュアル廃止後の融資に関する検査・監督の考え方と進め方」が公表されました。

　このように資産査定をめぐる環境が大きく変化する中、金融検定協会が実施している「資産査定検定試験」に、金融機関の注目が集まっています。この背景としては、上記のマニュアル等の公表と改廃が大きな要因となっていると考えられます。

　金融検査マニュアルは廃止されたものの、金融庁は現状の実務を否定しないというスタンスは明確にしており、金融機関の自己査定も大きな影響を与えるものではなく、自己査定においては特に貸出先のキャッシュ・フローに基づく回収可能性の判断が重要なことは変わりがありません。

　本問題集は、「資産査定3級検定試験」で要求される自己査定に係る基礎解説を掲載するとともに、同試験で出題された過去の検定試験問題と予想問題を収載し、これに正解と詳細な解説を加えたものです。

　本問題集および通信教育講座等を参考に、効率的な学習をされ、「資産査定3級検定試験」合格と、その成果を日々の業務に活かされることを願ってやみません。

2024年3月

一般社団法人　金融検定協会

Contents

Contents

※問題右上の回号数は、金融検定試験の出題回を指す。なお、第74回は2021年5月開催、第
　75回は2021年11月開催、第77回は2022年5月開催、第78回は2022年11月開催、第80回は
　2023年5月開催、第81回は2023年11月開催。

資産査定の基礎知識

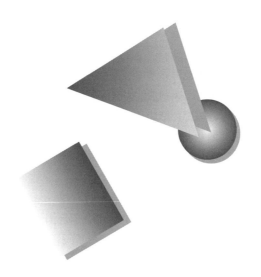

第1章

～学習の手引き（第1章）～

テーマ	80回	81回
1．早期是正措置		
（1）早期是正措置	○	○
（2）早期警戒制度	○	○
2．自己査定の目的		
（1）自己査定の目的	○	○
（2）自己査定実施のための基準	○	○
（3）自己査定結果の検証		
3．不良債権の開示		
（1）金融再生法に基づく不良債権の開示	○	○
（2）銀行法に基づく不良債権の開示	○	○
（3）自己査定と開示債権との関係	○	○

1．早期是正措置

・金融機関は自己責任原則の下で適正な決算を実施し、金融当局は原則として
　その決算を前提として金融機関の状況を把握している。そして問題があれば
　早期に対応するために、早期是正措置制度や早期警戒制度を導入している。
・早期是正措置に関して、毎回1〜2問程度出題されている。テーマとしては、
　早期是正措置制度の概要、自己資本比率に係る区分に応じた措置命令の内容
　について、毎回出題されている。
・早期警戒制度に関しては、毎年1問程度が出題されている。制度の概要（早
　期是正措置との相違点など）、措置区分命令の内容について訊かれている。

2．自己査定の目的

・金融機関としては、自己責任原則のもと、自己の資産を適正に査定すること
　が非常に重要な業務として求められている。
・この分野については、毎回4〜5題程度と比較的多く出題されている。
・自己査定の目的については、自己査定の位置づけ、概要について、また、実

施のための基準の作成に関連して、旧金融検査マニュアルの位置づけ、適用
対象、各チェック項目などについて、出題が頻出している。

3．不良債権の開示

・不良債権の開示は、金融機能再生緊急措置法（金融再生法）と銀行法に基づ
いて行われているが、その開示債権の範囲等は異なっている。

・金融再生法開示債権は貸出金のほか支払承諾見返りなども対象となり、分類
は要管理債権を除き債務者単位で行う。

・銀行法に基づく開示債権はリスク管理債権と呼ばれ貸出金のみが対象で、分
類は個別の貸出金単位である。

・この分野からは、最近、3問程度が出題されている。

・銀行法から1～2問程度、金融再生法から1～2問程度、それぞれ開示債権
の分類を問う出題が多い。また、金融再生法と銀行法による開示債権の相
違・関係等、旧金融検査マニュアルに定める債務者区分等との対応関係につ
いて出題されることもある。

1. 早期是正措置

（1）早期是正措置

　早期是正措置は、金融機関の経営の健全性を確保するため、以下の効果を期待して、98年4月に導入された制度である。

　①　金融機関の経営状況を客観的な指標で捉え、適時に是正措置を講じることにより、金融機関経営の健全性確保と経営破綻の未然防止を図ること

　②　是正措置の発動ルールを明確化することにより、行政の透明性確保にも資すること

　③　結果として、金融機関が破綻した場合の破綻処理コストの抑制につながること

　早期是正措置は、いわゆる業務改善命令、業務停止命令（銀行法26条1項等）の一形態として、自己資本の充実の状況によって必要があると認めるときに発動するものとして定められている（同条2項等）。

　早期是正措置の発動基準となる「自己資本の充実の状況」については、国際的にも認められた「自己資本比率」を用いることとなっており、資本勘定（資本金、法定準備金、剰余金等）等の自己資本額を分子として、また、リスクアセット（資産の種類に応じたリスクの割合を基礎として計算されたリスク資産額の合計額）を分母として算出される。

　自己資本比率＝自己資本額（資本金等）／リスクアセット額[*1]

　早期是正措置の措置区分は、自己資本比率の状況に応じて図表1-1のように4段階となっている。なお、早期是正措置に係る命令を受けた金融機関は1年以内に自己資本比率改善が求められている。

＊1　資産の種類に応じたリスクの割合を基礎として計算されたリスク資産額の合計額。

第
1
章

図表 1 － 1　自己資本比率に係る区分に応じた措置命令

自己資本の充実の状況に係る区分			命令
	海外営業拠点を有する銀行	海外営業拠点を有しない銀行	
非対象区分		国内基準に係る自己資本比率4％以上	
第1区分		国内基準に係る自己資本比率2％以上4％未満	経営の健全性を確保するための合理的と認められる改善計画（原則として資本の増強に係る措置を含むものとする）の提出の求めおよびその実行の命令
第2区分	（省略）	国内基準に係る自己資本比率1％以上2％未満	次の各号に掲げる自己資本の充実に資する措置に係る命令 1．資本の増強に係る合理的と認められる計画の提出およびその実行 2．配当または役員賞与の禁止またはその額の抑制 3．総資産の圧縮または増加の抑制 4．取引の通常の条件に照らして不利益を被るものと認められる条件による預金または定期積金等の受入れの禁止または抑制 5．一部の営業所における業務の縮小 6．本店を除く一部の営業所の廃止 7．子会社または海外現地法人の業務の縮小 8．子会社または海外現地法人の株式または持分の処分 9．法10条2項各号に掲げる業務その他の銀行業に付随する業務、法11条の規定により営む業務または担保附社債信託法その他の法律により営む業務の縮小または新規の取扱いの禁止 10．その他金融庁長官が必要と認める措置
第2区分の2		国内基準に係る自己資本比率0％以上1％未満	自己資本の充実、大幅な業務の縮小、合併または銀行業の廃止等の措置のいずれかを選択したうえ該当選択に係る措置を実施することの命令
第3区分		国内基準に係る自己資本比率0％未満	業務の全部または一部の停止命令

自己資本比率に係る区分は単体および連結の場合とも同じ

（2）早期警戒制度

①　早期警戒制度の目的

　上記のとおり、早期是正措置は自己資本比率に基づいて措置を行うものであり、状況が悪化してからの措置である。しかし、本措置の対象とはならない金融機関でも、その健全性の維持および一層の向上を図るために、継続的な経営改善への取組みがなされる必要があるという認識の下、02年10月の「金融再生プログラム」において、「早期警戒制度の活用」として、「自己資本比率に表されない収益性や流動性等、銀行経営の劣化をモニタリングするための監督体制を整備する」こととされた。

　これを受け、行政上の予防的・総合的な措置を講ずることにより、金融機関の早めの経営改善を促す仕組みとして「早期警戒制度」が整備された。

②　早期警戒制度の概要

　基本的な収益指標、大口与信の集中状況等、有価証券の価格変動等による影響、預金動向や流動性準備の水準を基準として、収益性、信用リスク、安定性や資金繰りについて経営改善が必要と認められる金融機関に関して、原因および改善計画等についてヒアリング等を行い、必要な場合には銀行法24条に基づき報告を求めることを通じて、必要な経営改善を促す。さらに、改善計画を確実に実行させる必要があると認められる場合には、銀行法26条に基づき業務改善命令を発出する。

　また、02年12月の本制度の導入時に設けられた収益性改善措置、安定性改善措置、資金繰り改善措置の３つの措置に加え、03年３月の「リレーションシップバンキングの機能強化に関するアクションプログラム」を受けて、同年６月末から新たに「信用リスク改善措置」が追加された。

　その後16年8月に設置された「金融モニタリング有識者会議」において、早期警戒制度の課題も含めて検査・監督の基本的な考え方や手法等について議論整理が行われ、18年6月に「金融検査・監督の考え方と進め方（検査・監督基本方針）」を公表した。その中で、従来の早期警戒制度が、特定の指標が一定水準を超えた場合にヒアリングや報告徴求を行うことを内容としており、必ずしも今後の検査・監督の基本的な考え方として目指す実質・未来・全体の視点

に基づくものとはなっていない点を指摘するとともに、分析の手法や対応の方法についても、同基本方針が掲げる動的な監督の考え方に即したものに見直していく旨が示された。

　これを受け、19年6月に中小・地域金融機関向けの総合的な監督指針（以下、「中小指針」）を改正し、明確な最低基準抵触がない段階において、将来の蓋然性に基づいて金融機関に対して改善に向けた取組みを求めていく目的で、従来の「収益性改善措置」を削除し、「「持続可能な収益性と将来にわたる健全性」改善措置」を新設した。

③　具体的措置

　改正中小指針には、以下のように定められている（中小指針Ⅱ－2－3～Ⅱ－2－6）。

ⅰ）「持続可能な収益性と将来にわたる健全性」改善措置

　銀行自らが経営計画等において想定する将来の収益や自己資本の見通しに関して、前提条件、銀行が実施中・実施予定の経営改善に関する施策とその効果、将来発生が見込まれる費用、有価証券の益出し余力、配当政策、ストレステストの結果等の観点から、顧客向けサービス業務の利益やそれを構成する内訳にも着目しつつ、ヒアリングを実施し、見通しの妥当性について検証する。その結果、例えば、将来の一定期間（概ね5年以内）に、コア業務純益（除く投資信託解約損益）が継続的に赤字になる、または最低所要自己資本比率を下回ることが見込まれる等、持続可能な収益性や将来にわたる健全性について改善が必要と認められる銀行に対しては、必要に応じ、銀行法24条に基づく報告徴求、または、同法25条に基づく検査を実施し、業務運営やガバナンスの発揮状況等について深度ある検証を行い、必要な業務改善を促す。更に、業務改善を確実に実行させる必要があると認められる場合には、同法26条に基づき業務改善命令を発出するものとする。

ⅱ）信用リスク改善措置

　大口与信の集中状況等を基準として、信用リスクの管理態勢について改善が必要と認められる金融機関に関しては、原因および改善策等について、深度あるヒアリングを行い、必要な場合には銀行法24条に基づき報告を求めることを通じて、着実な改善を促すものとする。

ⅲ）安定性改善措置

　有価証券の価格変動等による影響を基準として、市場リスク等の管理態勢について改善が必要と認められる金融機関に関しては、原因および改善策等について、深度あるヒアリングを行い、必要な場合には銀行法24条に基づき報告を求めることを通じて、着実な改善を促すものとする。

ⅳ）資金繰り改善措置

　預金動向や流動性準備の水準を基準として、流動性リスクの管理態勢について改善が必要と認められる金融機関に関しては、預金や流動性準備の状況について、頻度の高い報告を求めるとともに、原因および改善策等について、深度あるヒアリングを行い、必要な場合には銀行法24条に基づき報告を求めることを通じて、着実な改善を促すものとする。

ⅴ）業務改善命令

　以上の措置に関し、改善計画を確実に実行させる必要があると認められる場合には、銀行法26条に基づき業務改善命令を発出するものとする。

2．自己査定の目的

（1）自己査定の目的

　資産査定とは、金融機関の保有する資産を個別に検討して、回収の危険性または価値の毀損の危険性の度合いに従って区分することであり、預金者の預金などがどの程度安全確実な資産に見合っているか、言い換えれば、資産の不良化によりどの程度の危険にさらされているかを判定するものであり、金融機関自らが行う資産査定を自己査定という。

　早期是正措置制度の下、その基準となる自己資本比率は、金融機関の資産内容の実態ができる限り正確かつ客観的に反映された財務諸表に基づいて算定されなければならないが、そのためには、精度の高い資産査定のもとに償却・引当を行わなければならない。

　自己査定は、金融機関が信用リスクを管理するための一要素であるとともに、自己資本比率を正確に算定するために欠かせない、適正な償却・引当を行うための準備作業として重要な位置付けとなっている。

（2）自己査定実施のための基準

　各金融機関においては、自己責任原則に基づき、経営陣のリーダーシップの下、創意・工夫を十分に活かし、それぞれの規模・特性に応じた方針、内部規程等を策定し、金融機関の業務の健全性と適切性の確保を図ることが期待されている。

　したがって、自己査定の基準に関しても、各金融機関が自己責任原則に基づき自主的に作成を行っており、その形態も様々であるが、実務的には、自己査定基準や自己査定マニュアルという形で作成しているケースが多い。

　一方で、金融庁は、銀行法等が求める金融機関の業務の健全性および適切性の確保のため、各種の旧金融検査マニュアルに基づき各金融機関の法令等遵守態勢、各種リスク管理態勢等を検証していたことから、各金融機関における資産査定の自主的基準についても、旧金融検査マニュアル等の考え方に沿う形で作成されていた。

　そもそも、各種の旧金融検査マニュアルの各チェック項目の水準の達成が金融機関に直ちに義務付けられるものではない点に留意が必要である。チェック項目について記述されている字義どおりの対応が金融機関においてなされてい

図表１－２　自己査定のチェック機能

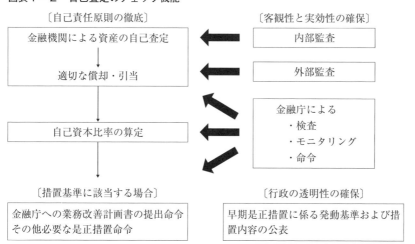

〔自己責任原則の徹底〕

金融機関による資産の自己査定

適切な償却・引当

自己資本比率の算定

〔客観性と実効性の確保〕

内部監査

外部監査

金融庁による
・検査
・モニタリング
・命令

〔措置基準に該当する場合〕

金融庁への業務改善計画書の提出命令
その他必要な是正措置命令

〔行政の透明性の確保〕

早期是正措置に係る発動基準および措置内容の公表

ない場合であっても、金融機関の業務の健全性および適切性の観点からみて、金融機関の行っている対応が合理的なものであり、さらに、チェック項目に記述されているものと同様の効果がある、あるいは金融機関の規模や特性に応じた十分なものであると認められるのであれば、金融庁による検査においても不適切との指摘は行われないとされていた。

（3）自己査定結果の検証

自己査定を含む金融機関の業務の健全性と適切性は、内部監査、会計監査人による財務諸表監査（外部監査）、市場規律による監視、監督当局による公的関与により検証される。

自己査定を含む金融機関の業務の健全性と適切性は、まず自己責任の徹底と市場規律の強化によって達成されなければならない。金融機関の経営陣には、内部監査や監査役を含めた内部管理体制を充実させることにより、自らの責任において、業務の健全性と適切性を確保することが求められている。

会計監査人等には、こうした内部管理体制を前提に、金融機関とは独立した視点に立って、財務諸表監査を通じて、業務の健全性と適切性が確保されているか否かについて厳正な外部監査を実施することが求められている。

さらに、こうした手続きを経て策定された財務諸表、経営方針等の経営内容は広く開示され、市場を通じた投資家等による監視（市場規律による監視）が行われる。

また、監督当局による公的関与（モニタリング、検査、命令）は、こうした自己責任原則と市場規律による監視を補強するためのものと位置づけられている（補強性の原則）。

3．不良債権の開示

不良債権の開示は、「金融機能の再生のための緊急措置に関する法律」（以下、「金融再生法」）と銀行法に基づいて行われているが、その開示債権の範囲等は基本的に同じである。

（1）金融再生法に基づく不良債権の開示

　金融再生法6条に基づく資産査定の結果は、内閣総理大臣等に提出されるとともに、同法7条の規定により公表される。さらに、同法78条および86条の規定により、報告に虚偽の記載があった場合には、罰則が適用される。

　したがって、同法6条の規定に基づく資産査定の結果が不正確とならないように十分注意するとともに、金融検査において万一それが不正確と認められた場合には、その原因が、自己査定基準の適切性に起因するものか、自己査定作業の実施に起因するものか、その他の原因に起因するものかなどを明らかにし、今後そのようなことが起きないようにするための改善策を策定する必要がある。

　なお、「金融機能の早期健全化のための緊急措置に関する法律」（以下、「早期健全化法」）3条2項1号の規定により、金融再生法6条2項に規定する基準に従い資産の査定を行う必要のある金融機関は、銀行、信託銀行、長期信用銀行、信用金庫、信用協同組合、労働金庫、全国信用金庫連合会、全国信用協同組合連合会、労働金庫連合会、農林中央金庫、信用農業協同組合連合会、信用漁業協同組合連合会および銀行持株会社等である。

　開示は、金融再生法施行規則4条1項に定める以下の債権区分に従い実施される。

①　破産更生債権及びこれらに準ずる債権

　破産更生債権及びこれらに準ずる債権とは、「破産手続開始、会社更生手続開始、再生手続開始の申立て等の事由により経営破綻に陥っている債務者に対する債権及びこれらに準ずる債権」であり、実質破綻先に対する債権および破綻先に対する債権である。

②　危険債権

　危険債権とは、「債務者が経営破綻の状態には至っていないが、財政状態及び経営成績が悪化し、契約に従った債権の元本の回収及び利息の受取りができない可能性の高い債権」であり、破綻懸念先に対する債権である。

③　要管理債権

　要管理債権とは、要注意先に対する債権のうち「三月以上延滞債権（元金または利息の支払が、約定支払日の翌日を起算日として三月以上延滞している貸

出債権）および貸出条件緩和債権（経済的困難に陥った債務者の再建又は支援を図り、当該債権の回収を促進すること等を目的に、債務者に有利な一定の譲歩を与える約定条件の改定等を行った貸出債権）」をいう。

なお、形式上、延滞は発生していないものの、実質的に３カ月以上延滞している債権は要管理債権とする。実質的な延滞債権となっているかどうかは、返済期日近くに実行された貸出の資金使途が元金または利息の返済原資となっていないかを稟議書の確認および当該貸出の資金トレースを行うなどの方法により確認する。

④　正常債権

正常債権とは、「債務者の財政状態及び経営成績に特に問題がないものとして、要管理債権、危険債権、破産更生債権及びこれらに準ずる債権以外のものに区分される債権」であり、正常先に対する債権および要注意先に対する債権のうち要管理債権に該当する債権以外の債権である。

（2）銀行法に基づく不良債権の開示

金融再生法に基づく開示は銀行法21条によっても求められている。具体的な開示内容は、同法施行規則19条の２に定められており、以下の区分で開示される。なお、金融再生法では三月以上延滞債権と貸出条件緩和債権を合わせて要管理債権としている。

①　破産更生債権及びこれらに準ずる債権

金融再生法と同様。

②　危険債権

金融再生法と同様。

③　三月以上延滞債権

金融再生法と同様。

④　貸出条件緩和債権

表現は金融再生法と異なっているものの実質的には同様の貸出金である。

⑤　正常債権

金融再生法と同様。

（3）自己査定と開示債権との関係

　自己査定と金融再生法および銀行法による開示債権との相違・関係等は、以下図表1−3のとおりである。

　金融再生法による開示は単体ベースであるのに対して、銀行法による開示は連結ベースでも求められる（ただし、金融再生法による開示を同様に連結ベースでも行っている金融機関もある）。

　また、金融再生法による開示は、いわゆるディスクロ誌と有価証券報告書において行われるのに対して、銀行法による開示は会社法計算書類および有価証券報告書において開示される（ただし、ディスクロ誌において銀行法による開示を行っている金融機関もある）。

　さらに、銀行法による開示内容は財務諸表の注記となっているため、会計監査人の監査対象であるが、金融再生法による開示は監査対象ではない。

図表1−3　自己査定、金融再生法、銀行法上の開示債権の関係

自己査定			金融再生法開示債権	銀行法リスク管理債権
破綻先			破産更生債権及び これらに準ずる債権	破産更生債権及び これらに準ずる債権
実質破綻先				
破綻懸念先			危険債権	危険債権
要注意先	要管理先		要管理債権	3カ月以上延滞債権
				貸出条件緩和債権
	その他		正常債権	正常債権
正常先				

対象債権	貸出金及び貸出金に準ずる債権	貸出金及び貸出金に準ずる債権（支払承諾見返、仮払金、未収利息）	貸出金及び貸出金に準ずる債権（支払承諾見返、仮払金、未収利息）
対象F/S	単体・連結	単体のみ	単体・連結
ベース	債務者ベース	債務者ベース （要管理債権を除く）	債務者ベース （要管理債権を除く）
開示場所	なし	ディスクロージャー誌 有価証券報告書 （事業の状況）	会社法計算書類 有価証券報告書 （経理の状況）

■ **第81回関連出題** ■

第1問　　　　　　　　　　　　　　　　　　　　　　　　　　　　　（第81回）

　早期警戒制度に関する次の記述について、最も不適切な選択肢を一つ選びなさい。

（1）早期警戒制度の枠組みの下では、個々のリスク等の基準に該当する銀行に対し、監督上の対応等を実施していくこととなるが、そうした場合であっても、当該銀行の経営が不健全であると自動的にみなされるものではない。

（2）個々のリスク等の基準に該当する銀行について経営改善が必要とされる場合でも、当局は金融市場への影響や中小企業金融の動向等に十分配慮し、改善手法や時期等が適切に選択されるよう、特に留意して監督を行う。

（3）個々のリスク等の基準に該当する銀行に対しては、銀行の規模・特性等を問わず、画一的な監督上の対応、経営改善の取組みが必要となる。

（4）当局における銀行による改善対応策の実行状況のフォローアップに当たっては、改善対応策の目的及びスケジュールについて確認される。

（5）個々のリスク等の基準に該当する銀行に対し、当局としては、必ずしも直ちに経営改善を求めることはない。

解答：P.31

第2問　　　　　　　　　　　　　　　　　　　　　　　　　　　　　（第81回）

　銀行法に基づく開示債権に関する以下の記述について、最も不適切な選択肢を一つ選びなさい。

（1）「三月以上延滞債権」とは元金又は利息の支払いが約定支払日の翌日から三カ月以上延滞している貸出金である。

（2）「貸出条件緩和債権」とは、破産更生債権及びこれらに準ずる債権、危険債権、三カ月以上延滞債権を除く、債務者の経営再建又は支援を図ることを目的として、金利の減免、利息の支払猶予、元本の返済猶予、債権放棄その他の債務者に有利となる取決めを行った貸出金である。

（3）「破産更生債権及びこれらに準ずる債権」とは、破産手続開始、更生手続開始、再生手続開始の申立て等の事由により経営破綻に陥っている債務者に対する債権及びこれらに準ずる債権をいう。

（4）「正常債権」とは、債務者の財政状態及び経営成績に特に問題がないものとして、「破産更生債権及びこれらに準ずる債権」等の他の区分に掲げる債権以外のものに区分される債権である。

（5）「延滞債権」とは、六カ月以上延滞の貸出金であって、破綻先債権または債務者の経営再建または支援を図ることを目的として利息の支払いを猶予したもの以外の貸出金である。

解答：P.31

第3問

（第81回）

　金融機能再生のための緊急措置に関する法律（金融再生法）に基づく開示債権について、最も不適切な選択肢を一つ選びなさい。

（1）金融再生法に基づいて開示される危険債権に関して、当該債権に対する貸倒引当金を増やしても開示対象債権額は変わらない。

（2）金融再生法による開示においては、いわゆる不良債権額は有価証券報告書の「経理の状況」において財務諸表の注記として開示しなければならない。

（3）金融再生法に基づいて開示される要管理債権には貸出金以外の債権は含まれない。

（4）金融再生法における危険債権とは、債務者が経営破綻の状態には至っていないが、財政状態及び経営成績が悪化し、契約に従った債権の元本の回収及び利息の受取りができない可能性の高い債権をいう。

（5）金融再生法における破産更生債権及びこれらに準ずる債権とは、破産手

続開始、更生手続開始、再生手続開始の申立て等の事由により経営破綻に陥っている債務者に対する債権及びこれらに準ずる債権をいう。

解答：P.32

■ 第80回関連出題 ■

第4問 （第80回）

　自己査定制度に関する次の記述について、最も不適切な選択肢を一つ選びなさい。

（1）自己査定基準の基本的な考え方は一貫し、かつ継続的なものとする必要がある。

（2）取締役会は自己査定基準及び償却・引当基準について、営業統括部門及び内部監査部門等の意見を踏まえた上で承認する必要がある。

（3）取締役会は、自己査定管理部門に、当該部門を統括するのに必要な知識と経験を有する管理者を配置し、当該管理者に対し管理業務の遂行に必要な権限を与えて管理させなければならない。

（4）資産査定とは、金融機関の保有する資産を個別に検討して、回収の危険性又は価値の毀損の危険性の度合いに従って区分することであり、金融機関自らが行う資産査定を自己査定という。

（5）取締役会等は、定期的に又は必要に応じて随時、資産査定管理の状況に関する報告・調査結果等を踏まえ、分析・評価プロセスの有効性を検証し、適時に見直す必要がある。

解答：P.33

第5問 （第80回）

　信用リスクとリスク管理態勢に関する次の記述について、最も不適切な選択肢を一つ選びなさい。

（1）金融機関における信用リスク管理態勢の整備・確立は、金融機関の業務の健全性及び適切性の観点から極めて重要であり、経営陣には、これら

の態勢の整備・確立を自ら率先して行う役割と責任がある。

（２）金融機関が採用すべき信用リスク評価方法の種類や水準は、金融機関の戦略目標、業務の多様性及び直面するリスクの複雑さによって決められるべきものである。

（３）債務者の実態を把握し、債務者に対する経営相談・経営指導及び経営改善に向けた取組みへの支援を行うことは信用リスク削減の観点からも重要である。

（４）中小・零細企業等である与信先については、その特色を踏まえてきめ細かな与信管理等を行うことが重要である。

（５）信用リスクとは、金利、為替、株式等の様々な市場のリスク・ファクターの変動により、資産・負債の価値が変動し損失を被るリスク、資産・負債から生み出される収益が変動し損失を被るリスクをいう。

解答：P.33

第6問 （第80回）

　大口与信管理に関する次の記述について、最も不適切な選択肢を一つ選びなさい。

（１）大口の与信や反復・継続的な与信を行う場合等においては、必要に応じて予めクレジット・リミットを設定しなければならない。

（２）例えばコベナンツ、シンジケートローンや債権流動化などの活用により、信用リスクに応じて与信量を制御できるような管理態勢を構築しなければならない。

（３）債務者の状況の早期認知のために、株価や格付の動向などの市場のシグナルを適時・的確に自行の信用格付に反映し、取組み方針（支援方針）を早期に明確化することが望まれる。

（４）貸出金のみならず、債券やDES（デット・エクイティ・スワップ）によって取得した優先株等についても、債務者の状況、市場実勢や格付を踏まえ適正に管理する態勢の構築が望まれる。

（５）クレジット・リミットの具体的な設定や見直し等の管理は、取締役会等

の承認を受けて定められた基準に従い、営業推進部門が行うことが望ましい。

解答：P.34

■ **第78回関連出題** ■

第7問 （第78回）

　自己査定制度に関する次の記述について、最も不適切な選択肢を一つ選びなさい。

（1）自己査定基準は、金融機関を取り巻く経済環境に合わせて、毎期変更することが望ましい。

（2）自己査定基準は、正式の行内手続を経て取締役会により決定し、明文化する必要がある。

（3）自己査定は営業店及び本部営業部門において一次の査定を実施し、本部貸出承認部門において二次の査定を実施した上で、営業関連部門から独立した資産監査部門で監査を実施するなど、十分な牽制機能が必要である。

（4）資産の自己査定は、償却・引当を適切に行い、自己資本比率を正確に算出するための準備作業として極めて重要である。

（5）自己査定基準の制定及び改正は、自己査定を実施する部門のみならず、監査部門及びコンプライアンス部門の意見を踏まえて行う必要がある。

解答：P.34

第8問 （第78回）

　早期是正措置制度に関する次の記述について、最も不適切な選択肢を一つ選びなさい。

（1）早期是正措置の発動基準は、国際統一基準適用金融機関と国内基準適用金融機関で異なる。

（2）第2区分の2の措置は自己資本の充実、大幅な業務の縮小、合併又は銀

行業の廃止等の措置のいずれかを選択した上で、当該選択に係る措置を実施することの命令である。
（3）早期是正措置は金融機関の健全性を確保するため、自己資本比率が一定の水準を下回った場合に是正措置を発動するものである。
（4）銀行持株会社も早期是正措置の対象となる。
（5）早期是正措置の発動基準は会計監査人の監査を受けた財務諸表における資産の部の合計等に基づいて算定される自己資本比率である。

解答：P.35

第9問 (第78回)

早期是正措置制度について、最も不適切な選択肢を一つ選びなさい。
（1）第3区分の措置は業務の全部又は一部の停止命令である。
（2）第2区分の措置は本店を除く一部の営業所の廃止命令も含まれる。
（3）第2区分の措置は総資産の圧縮又は増加の抑制命令も含まれる。
（4）第2区分の措置は取引の通常の条件に照らして不利益を被るものと認められる条件による預金又は定期積金等の受入れの禁止又は抑制命令も含まれる。
（5）第3区分の措置は配当又は役員賞与の禁止又はその額の抑制である。

解答：P.35

第10問 (第78回)

早期警戒制度に関する次の記述について、最も不適切な選択肢を一つ選びなさい。
（1）安定性改善措置とは有価証券の価格変動等による影響を基準として、信用リスク等の管理態勢について改善が必要と認められる金融機関に対して発動される。
（2）安定性改善措置は、重要性テスト及びオフサイトモニタリングデータの追加分析により、深度ある対話を行う必要があると認められる金融機関

に対して発動される。

（3）安定性改善措置は該当する金融機関に対しては、原因及び改善策等について、深度あるヒアリングを行い、必要な場合には報告を求めることを通じて、着実な改善を促す措置である。

（4）安定性改善措置は改善計画を確実に実行させる必要があると認められる場合には、業務改善命令が発出される。

（5）安定性改善措置は検査結果やリスク管理ヒアリング等により、市場リスク等の管理態勢に問題があると認められる金融機関に対して発動される。

解答：P.36

第11問 （第78回）

中小・地域金融機関向けの早期警戒制度で定められている具体的措置について、最も適切な選択肢を一つ選びなさい。
（1）収益性改善措置
（2）オペレーショナルリスク改善措置
（3）流動性リスク改善措置
（4）信用リスク改善措置
（5）コンプライアンス改善措置

解答：P.36

第12問 （第78回）

銀行法に基づく開示債権について、最も不適切な選択肢を一つ選びなさい。
（1）「三月以上延滞債権」とは、元金又は利息の支払が約定支払日の翌日から三月以上延滞している貸出金である。
（2）「貸出条件緩和債権」とは、破産更生債権及びこれらに準ずる債権、危険債権、三月以上延滞債権を除く、債務者の経営再建又は支援を図ることを目的として、金利の減免、利息の支払猶予、元本の返済猶予、債権放棄その他の債務者に有利となる取決めを行った貸出金である。

（3）「破産更生債権及びこれらに準ずる債権」とは、破産手続開始、更生手続開始、再生手続開始の申立て等の事由により経営破綻に陥っている債務者に対する債権及びこれらに準ずる債権をいう。

（4）「危険債権」とは、債務者が経営破綻の状態には至っていないが、財政状態及び経営成績が悪化し、契約に従った債権の元本の回収及び利息の受取りができない可能性の高い債権である。

（5）債権の開示区分は、「破産更生債権及びこれらに準ずる債権」、「危険債権」、「三月以上延滞債権」、「貸出条件緩和債権」、「要管理債権」、「正常債権」である。

解答：P.36

■ 第77回関連出題 ■

第13問　　　　　　　　　　　　　　　　　　　　　　　　　　（第77回）

　信用リスク管理に関する次の記述について、最も不適切な選択肢を一つ選びなさい。

（1）問題債権の管理部門は、問題債権の状況について取締役会等が定めた報告事項を報告するための態勢を整備する必要がある。

（2）問題債権の管理部門は、信用リスク管理規程に基づき、問題先の経営状況等を適切に把握・管理し、問題を認識した場合、直ちに回収を行わなければならない。

（3）与信管理部門は、直面する信用リスクを洗い出し、洗い出したリスク・プロファイルを踏まえ、管理対象とするリスクを特定する必要がある。

（4）与信管理部門は、与信先の業況推移等の状況等について、金融機関と連結対象子会社及び持分法適用会社とを、法令等に抵触しない範囲で、一体として管理する機能と権限を有している必要がある。

（5）与信管理部門は、与信ポートフォリオの状況（特定の業種又は特定のグループに対する信用集中の状況等）を適切に把握・管理するとともに、ポートフォリオの状況を定期的に取締役会等に報告している必要がある。

解答：P.37

　自己査定の目的等に関する次の記述について、最も不適切な選択肢を一つ選びなさい。

（1）自己査定は、金融機関が信用リスクを管理するための手段であるとともに、適正な償却・引当を行うための準備作業である。

（2）金融機関における資産査定管理態勢の整備・確立は、金融機関の業務の健全性及び適切性の観点から極めて重要であり、経営陣には、これらの態勢の整備・確立を自ら率先して行う役割と責任がある。

（3）取締役会は、自己査定管理部門に、当該部門を統括するのに必要な知識と経験を有する管理者を配置し、当該管理者に対し管理業務の遂行に必要な権限を与えて管理させなければならない。

（4）資産査定とは、金融機関の保有する資産及び負債を個別に検討して、債務者の規模や業種又は債権金額に従って区分することであり、金融機関自らが行う資産査定を自己査定という。

（5）取締役会は、自己査定を適切かつ正確に行うための取決めを明確に定めた基準及び償却・引当を適切かつ正確に行うための取決めを明確に定めた基準を資産査定管理部門の管理者に策定させ、組織内に周知させる必要がある。

解答：P.37

　早期是正措置制度について、最も適切な選択肢を一つ選びなさい。

（1）第2区分の措置は強制的な公的資金の導入である。

（2）第2区分の2の措置は業務の一部停止命令である。

（3）銀行持株会社は早期是正措置の対象とはならない。

（4）規制上の自己資本比率は財務諸表における自己資本比率（純資産を総資産で除した比率）とは異なる。

（5）第4区分の措置は業務の全部の停止命令である。

解答：P.37

第16問 (第77回)

　銀行法等に基づく不良債権額の開示に関する次の記述について、最も適切な選択肢を一つ選びなさい。なお、本問は令和2年1月24日に公布された「銀行法施行規則等の一部を改正する内閣府令」に基づき令和4年3月31日より施行・適用された銀行法施行規則に従い回答するものとする。

（1）開示債権に支払承諾は含まれない。

（2）開示債権に未収利息は含まれない。

（3）リスク管理債権の開示区分は「破産更生債権及びこれらに準ずる債権」、「危険債権」、「要管理債権」、「正常債権」である。

（4）「破産更生債権及びこれらに準ずる債権」とは、破産手続開始、更生手続開始、再生手続開始の申立て等の事由により経営破綻に陥っている債務者に対する債権及びこれらに準ずる債権をいう。

（5）「危険債権」とは、債務者が経営破綻の状態には至っていないが、財政状態及び経営成績が悪化し、契約に従った債権の元本の回収及び利息の受取りができない可能性の高い債権であり破綻懸念先及び要管理先に対する債権である。

解答：P.38

■ 模擬問題等 ■

第17問 (模擬問題)

　自己査定体制の整備に関する次の記述について、誤っている選択肢を一つ選びなさい。

（1）自己査定基準には、自己査定の対象となる資産の範囲、自己査定管理態勢およびその運用に係る責任体制等が明記されている必要がある。

（2）自己査定は金融検査を受けるために求められる作業である。

（3）自己査定は営業店及び本部営業部門において一次の査定を実施し、本部

貸出承認部門において二次の査定を実施した上で、営業関連部門から独立した資産監査部門で監査を実施するなど、十分な牽制機能が必要である。

（4）自己査定基準の制定及び改正は、自己査定を実施する部門のみならず、監査部門及びコンプライアンス部門の意見を踏まえて行う必要がある。

（5）取締役会及び取締役会等は、報告事項及び承認事項を適切に設定した上で、定期的に又は必要に応じて随時、状況の報告を受け、又は承認を求めさせる態勢を整備する必要がある。

解答：P.39

第1章　解答・解説

〔第1問〕

正　解：（3）　　　　　　　　　　　　　　　　　　正答率：74.8%

（1）（5）早期警戒制度の枠組みの下では、個々のリスク等の基準に該当する銀行に対し、……（中略）……監督上の対応等を実施していくこととなるが、そうした場合であっても、当該銀行の経営が不健全であると自動的にみなされるものではなく、当局としても、必ずしも直ちに経営改善を求めるものではない（中小・地域金融機関向けの総合的な監督指針　Ⅱ－2－2－2）。よって、正しい。

（2）改善が必要とされる場合でも、金融市場への影響や中小企業金融の動向等に十分配慮し、改善手法や時期等が適切に選択されるよう、特に留意して監督を行うものとする（中小・地域金融機関向けの総合的な監督指針　Ⅱ－2－2－2）。よって、正しい。

（3）個々のリスク等の基準に該当する銀行に対して、当局としては銀行の規模・特性等に応じ対応を行うことに留意することとなる（中小・地域金融機関向けの総合的な監督指針　Ⅱ－2－2－2　注2）。よって、誤り。

（4）銀行による改善対応策の実行状況のフォローアップに当たっては、改善対応策の目的及びスケジュールについて確認するものとする（中小・地域金融機関向けの総合的な監督指針　Ⅱ－2－2－2）。よって、正しい。

〔第2問〕

正　解：（5）　　　　　　　　　　　　　　　　　　正答率：67.5%

（1）銀行法施行規則第19条の2　1項5号で「……（3）三月以上延滞債権（元本又は利息の支払が約定支払日の翌日から三月以上遅延している貸出金（（1）及び（2）に掲げる貸出金に該当するものを除く。）をいう。以下同じ。）」と記載されている。よって、正しい。

（2）銀行法施行規則第19条の2　1項5号で「……（4）貸出条件緩和債権
　　（債務者の経営再建又は支援を図ることを目的として、金利の減免、利息
　　の支払猶予、元本の返済猶予、債権放棄その他の債務者に有利となる取決
　　めを行つた貸出金……）」とされている。よって、正しい。

（3）破産手続開始、更生手続開始、再生手続開始の申立て等の事由により経
　　営破綻に陥っている債務者に対する債権及びこれらに準ずる債権は「破産
　　更生債権及びこれらに準ずる債権」をいう。よって、正しい。

（4）銀行法施行規則第19条の2「（5）正常債権（債務者の財政状態及び経営
　　成績に特に問題がないものとして、……までに掲げる債権以外のものに区
　　分される債権をいう……）」とされている。よって、正しい。

（5）「延滞債権」は現在の銀行法においては、定めがない。よって、誤り。

〔第3問〕

正　解：（2）　　　　　　　　　　　　　　　　　　　　　正答率：38.2%

（1）開示対象債権額は引当前の金額を開示するため、引当額は影響しない。
　　よって、正しい。

（2）金融再生法による開示は、いわゆるディスクロージャー誌と有価証券報
　　告書「事業の状況」において開示が求められているが、有価証券報告書の
　　「経理の状況」において開示は求められてない。また、銀行法に基づいて
　　基本的に同様の内容が開示されるが、この中には、不良債権でない「正常
　　債権」も含まれる。よって、誤り。

（3）要管理債権には貸出金以外の債権は含まれない。よって、正しい。

（4）金融機能再生緊急措置法施行規則第4条3項において「第一項第二号に
　　掲げる「危険債権」とは、債務者が経営破綻たんの状態には至っていない
　　が、財政状態及び経営成績が悪化し、契約に従った債権の元本の回収及び
　　利息の受取りができない可能性の高い債権をいう……」とされている。よ
　　って、正しい。

（5）金融機能再生緊急措置法施行規則第4条2項において「……「破産更生
　　債権及びこれらに準ずる債権」とは、破産手続開始、更生手続開始、再生

手続開始の申立て等の事由により経営破綻たんに陥っている債務者に対する債権及びこれらに準ずる債権をいう……。」とされている。よって、正しい。

〔第4問〕

正　解：（2）　　　　　　　　　　　　　　　　　正答率：30.9％

（1）（3）（4）旧金融検査マニュアルに記載のとおりである。よって、正しい。

（2）自己査定基準及び償却・引当基準については、コンプライアンス統括部門及び内部監査部門等の意見を踏まえた上で承認する必要がある。必ずしも営業統括部門の意見を踏まえる必要はない。よって、誤り。

（5）経営陣による資産査定管理態勢の整備・確立のために、分析・評価プロセスの見直しが必要である。よって、正しい。

〔第5問〕

正　解：（5）　　　　　　　　　　　　　　　　　正答率：65.1％

（1）経営陣による信用リスク管理態勢の整備・確立においては、金融機関の戦略目標、業務の規模・特性及びリスク・プロファイルに見合った適切な信用リスク管理態勢が整備されている必要がある。よって、正しい。

（2）記述のとおりである。よって、正しい。金融機関が採用すべき信用リスク評価方法の種類や水準は、金融機関の戦略目標、業務の多様性及び直面するリスクの複雑さによって決められるべきものであり、複雑又は高度な信用リスク評価方法が、全ての金融機関にとって適切な方法であるとは限らない。

（3）記述のとおりである。よって、正しい。なお、金融円滑化の観点からも、債務者に対する経営相談・経営指導及び経営改善に向けた取組みへの支援を行うことは重要である。

（4）記述のとおりである。正しい。特色を踏まえてきめ細かな与信管理につ

いては、継続的な企業訪問等を通じた企業の技術力・販売力や経営者の資質といった定性的な情報を含む経営実態の十分な把握と債権管理や、きめ細かな経営相談、経営指導、経営改善計画の策定支援等を通じた積極的な企業・事業再生への取り組みなどが挙げられる。

（5）市場リスクの定義である。よって、誤り。

〔第6問〕

正　解：（5）　　　　　　　　　　　　　　　　正答率：83.2%

（1）旧金融検査マニュアルに記載のとおりである。よって、正しい。

（2）～（4）主要行等向けの総合的な監督指針　Ⅲ－2－3－2－2、中小・地域金融機関向けの総合的な監督指針　Ⅱ－2－4参照。記述のとおりである。よって、正しい。

（5）クレジットリミットの具体的な設定や見直し等の管理は、取締役会等の承認を受けて定められた基準に従い、営業推進部門等から独立した与信管理部門が行なうことが望ましい。よって、誤り。

〔第7問〕

正　解：（1）　　　　　　　　　　　　　　　　正答率：84.6%

（1）自己査定基準の基本的な考え方は一貫し、かつ継続的なものとする必要があり、また、自己査定基準の基本的な考え方を変更する場合には、その変更は合理的で正当な理由による必要があることから、毎期変更することが望ましいとは言えない。よって、誤り。

（2）旧金融検査マニュアルに記載のとおりである。よって、正しい。

（3）旧金融検査マニュアルに記載のとおりである。よって、正しい。

（4）記述のとおりである。よって、正しい。

（5）旧金融検査マニュアルに記載のとおりである。よって、正しい。

〔第8問〕

正　解：（5）　　　　　　　　　　　　　　　　正答率：41.5%

（1）銀行法第26条第2項に規定する区分等を定める命令において、それぞれ別に定められている。よって、正しい。

（2）銀行法第26条第2項に規定する区分等を定める命令に定められたとおりである。よって、正しい。

（3）監督指針に記載のとおりである。よって、正しい。

（4）銀行法第26条第2項に規定する区分等を定める命令において、それぞれ別に定められている。よって、正しい。

（5）自己資本比率は自己資本とリスクアセットの比率であり、財務諸表における自己資本比率ではない。よって、誤り。

〔第9問〕

正　解：（5）　　　　　　　　　　　　　　　　正答率：58.5%

（1）第3区分の措置は業務の全部又は一部の停止命令である。よって、正しい。

（2）第2区分の措置は資本増強に係る合理的と認められる計画の提出・実施、配当・役員賞与の禁止又は抑制、総資産の圧縮又は抑制等であり、本店を除く一部の営業所の廃止も含まれる。よって、正しい。

（3）第2区分の措置は資本増強に係る合理的と認められる計画の提出・実施、配当・役員賞与の禁止又は抑制、総資産の圧縮又は抑制等である。よって、正しい。

（4）第2区分の措置には取引の通常の条件に照らして不利益を被るものと認められる条件による預金又は定期積金等の受入れの禁止又は抑制が含まれる。よって、正しい。

（5）第3区分の措置は業務の全部又は一部の停止命令のみである。よって、誤り。

〔第10問〕

正　解：（1）　　　　　　　　　　　　　　　　　　正答率：44.4%

（1）有価証券の価格変動等による影響を基準として、市場リスク等の管理体勢について改善が必要と認められる金融機関に対して発動されるのが安定性改善措置である。よって、誤り。

（2）～（5）監督指針に記載のとおりである。よって、正しい。

〔第11問〕

正　解：（4）　　　　　　　　　　　　　　　　　　正答率：46.5%

（1）（2）（3）（5）そのような改善措置はない。よって、誤り。

（4）監督指針における記載のとおりである。よって、正しい。

〔第12問〕

正　解：（5）　　　　　　　　　　　　　　　　　　正答率：71.5%

（1）銀行法施行規則第19条の2における記載のとおりである。よって、正しい。

（2）銀行法施行規則第19条の2における記載のとおりである。よって、正しい。

（3）破産手続開始、更生手続開始、再生手続開始の申立て等の事由により経営破綻に陥っている債務者に対する債権及びこれらに準ずる債権は「破産更生債権及びこれらに準ずる債権」をいう。よって、正しい。

（4）債務者が経営破綻の状態には至っていないが、財政状態及び経営成績が悪化し、契約に従った債権の元本の回収及び利息の受取りができない可能性の高い債権は「危険債権」である。よって、正しい。

（5）銀行法施行規則第19条の2に基づく債権の開示区分では「要管理債権」は開示されない。よって、誤り。

〔第13問〕

正　解：（2）　　　　　　　　　　　　　　　正答率：68.0%

（1）（3）（4）（5）旧金融検査マニュアルに記載のとおりである。よって、正しい。

（2）問題債権の管理部門は、信用リスク管理規程に基づき、問題先の経営状況等を適切に把握・管理し、必要に応じて再建計画の策定の指導や整理・回収を行う必要がある。よって、不適切。

〔第14問〕

正　解：（4）　　　　　　　　　　　　　　　正答率：62.7%

（1）自己査定は、金融機関自らが資産の不良化によりどの程度の危険にさらされているかを判定するものであり、金融機関が信用リスクを管理するための手段であるとともに、適正な償却・引当を行うための準備作業である。よって、正しい。

（2）内部規程・組織体制の整備、評価・改善態勢の整備がそれぞれ適切に経営陣によってなされている必要がある。よって、正しい。

（3）金融検査マニュアルに記載のとおりである。よって、正しい。

（4）資産査定とは、金融機関の保有する資産を個別に検討して、回収の危険性又は価値の毀損の危険性の度合いに従って区分することであり、負債は対象外である。よって、誤り。

（5）経営陣による資産査定管理態勢の整備・確立のために、基準の整備・周知が必要である。よって、正しい。

〔第15問〕

正　解：（4）　　　　　　　　　　　　　　　正答率：52.5%

（1）第2区分の措置は、資本増強に係る合理的と認められる計画の提出・実施、配当・役員賞与の禁止又は抑制、総資産の圧縮又は抑制等である。よ

って、誤り。

（2）第2区分の2の措置は自己資本の充実、大幅な業務の縮小、合併又は銀行業の廃止等の措置のいずれかを選択したうえ該当選択に係る措置を実施する命令である。よって、誤り。

（3）銀行法第26条第2項に規定する区分等を定める命令において、定められている。よって、誤り。

（4）自己資本比率は規制上の自己資本とリスクアセットの比率であり、財務諸表における自己資本比率ではない。よって、正しい。

（5）第4区分の措置はない。よって、誤り。なお、第3区分の措置は業務の全部又は一部の停止命令である。

〔第16問〕

正　解：（4）　　　　　　　　　　　　　　　　　　　　　　正答率：61.9%

（1）銀行法等の開示債権は支払承諾も対象となる。よって、誤り。

（2）銀行法等の開示債権は貸出条件緩和債権と3カ月以上延滞債権以外は未収利息が含まれる。よって、誤り。

（3）銀行法施行規則第19条の2に基づく債権の開示区分は「要管理債権」ではなく、「三月以上延滞債権」、「貸出条件緩和債権」に区分される。

（4）破産手続開始、更生手続開始、再生手続開始の申立て等の事由により経営破綻に陥っている債務者に対する債権及びこれらに準ずる債権は「破産更生債権及びこれらに準ずる債権」をいう。よって、正しい。

（5）債務者が経営破綻の状態には至っていないが、財政状態及び経営成績が悪化し、契約に従った債権の元本の回収及び利息の受取りができない可能性の高い債権は「危険債権」であるが、要管理先は含まれない。よって、誤り。

〔第17問〕

正　解：（2）　　　　　　　　　　　　　　　　　　　　（模擬問題）

（1）（3）（4）（5）旧金融検査マニュアルに記載のとおりである。よって、
　　正しい。
（2）資産の自己査定は、償却・引当を適切に行い、自己資本比率を正確に算
　　出するための準備作業である。よって、誤り。

資産査定の基準

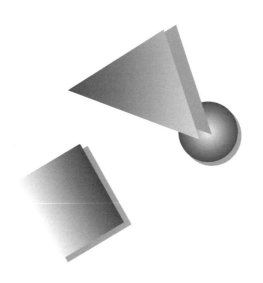

第2章

～学習の手引き（第2章）～

テーマ	80回	81回
1．債務者区分		
（1）信用格付と債務者区分	○	○
（2）正常先	○	○
（3）要注意先	○	○
（4）破綻懸念先	○	○
（5）実質破綻先	○	○
（6）破綻先		
2．分類対象外債権		
（1）分類対象外債権の定義		
（2）分類対象外債権の査定上の留意点	○	○
3．担保・保証による調整		
（1）優良担保・一般担保	○	○
（2）担保評価額		
（3）処分可能見込額	○	○
（4）優良保証・一般保証	○	○
4．債権の分類基準		
（1）債権分類のプロセス		○
（2）正常先に対する債権		
（3）要注意先に対する債権	○	○
（4）破綻懸念先に対する債権	○	○
（5）実質破綻先に対する債権		
（6）破綻先に対する債権		
5．償却・引当の概要		
（1）正常先および要注意先	○	○
（2）破綻懸念先		
（3）実質破綻先および破綻先		
6．中小・零細企業の資産査定		
（1）旧金融検査マニュアル別冊における資産査定	○	○

（2）別冊における債務者区分7つの検証ポイント	○	
7．貸出条件緩和債権		
（1）貸出条件緩和債権の定義		○
（2）貸出条件緩和債権の判断基準		○
（3）基準金利	○	○
（4）貸出条件緩和債権の卒業基準	○	○
（5）中小・零細企業の貸出条件緩和債権の判定における注意点	○	○

第2章

1．債務者区分
・貸出関連資産の査定は、まず原則として信用格付によって債務者を区分するが、信用格付については、毎回、1～2問程度出題されている。
・債務者区分について、毎回出題があり、「正常先」、「要注意先」、「破綻懸念先」、「実質破綻先」及び「破綻先」の定義・特徴はしっかり押さえておきたい。

2．分類対象外債権
・旧金融検査マニュアルでは、7区分で分類対象外債権が示されているので、ポイントを理解しておきたい。

3．担保・保証による調整
・この分野は、満遍なく出題されているが、とくに不動産担保の評価額に関連する出題が多いので、しっかりと学習しておきたい。

4．債権の分類基準
・債務者区分別に分類方法を理解しておくこと。

5．償却・引当の概要
・債務者区分により償却・引当方法が異なるので、その違いを理解しておきたい。計算問題として出題されることもある。

6．中小・零細企業の資産査定
・代表者等との一体査定が毎回3問程度と最頻出分野であり、また、資本性借入金の取扱いや経営改善計画などについても留意したい。

7．貸出条件緩和債権
・毎回、6～7問出題される重要テーマであり、全般的に十分な学習をして臨みたい。

1. 債務者区分

（1）信用格付と債務者区分

　債務者区分とは債務者の財務状況、資金繰り、収益力等により、返済能力を判定して、その状況等により債務者を正常先、要注意先、破綻懸念先、実質破綻先および破綻先に区分すること、またはその結果をいい、旧金融検査マニュアルにおいて定義されている（旧金融検査マニュアル自己査定（別表1）（以下、「別表1」）1.（3）①～⑤）。新たな指針は示されておらず、現行実務は否定されることはないため、以下では旧金融検査マニュアルに沿って解説していく。

　債務者区分は原則として格付によって行うものとされている。信用格付は債務者の信用リスクの程度に応じた序列であり、基本的にデフォルト率に応じた区分である。

　信用格付は、定量的評価と定性的評価の組み合わせで行われることが多い。その手法には定まったものはなく、各金融機関で様々である。信用格付は金利ガイドライン（貸出金利を何％に設定するかの基準）の策定や信用リスクの計量化といった信用リスク管理のために不可欠のものであるとともに、正確な自己査定、さらには適正な償却・引当の基礎となるものである。したがって、信用格付と債務者区分とは整合的でなければならない。

　なお、格付には内部の格付と外部の格付があるが、通常、自己査定とリンクするのは内部の格付であり、通常の債務者の査定において、外部格付は内部格付を決定する際の参考情報として使用されることが多い。

　ただし、信用格付と自己査定は必ずしも同一の作業ではない。債務者の格付は新規先に対して与信を行う場合や、既与信先の新たな決算情報が入手された時、あるいは貸出条件の変更を行った時などに随時見直されるものであり、自己査定は、一般的には3月（期末）と9月（中間）決算において行われるため（自己査定について随時見直しを行っている金融機関もある）必ずしもタイミングが同時ではない。

（2）正常先

　正常先とは、旧金融検査マニュアルにおいて「業況が良好であり、かつ、財務内容にも特段の問題がないと認められる債務者」と定義されている。

　ただし、赤字の状況にある債務者であっても、赤字が一過性の場合や自己資本が十分に厚いなど、明らかに償還能力に問題がない場合などは正常先とできる場合もある。

　正常先の実務的な目安は各金融機関が定めている自己査定基準によって相違はあるが、基本的な要件としては、以下のようなものがある。

① 安定的に黒字であること
② 償還能力に問題がないこと
③ 債務超過でないこと
④ 貸出条件に問題のある貸出金がないこと

　赤字が一過性の場合の例としては、赤字の原因が固定資産の売却損など一過性のものであり短期間に黒字化することが確実と見込まれる場合や、中小・零細企業で赤字となっているが、返済能力について特に問題がない場合などがある。

（3）要注意先

　要注意先とは、旧金融検査マニュアルにおいて「金利減免・棚上げを行っているなど貸出条件に問題のある債務者、元本返済若しくは利息支払いが事実上延滞しているなど履行状況に問題がある債務者のほか、業況が低調ないしは不安定な債務者又は財務内容に問題がある債務者など今後の管理に注意を要する債務者」と定義されている。

　「貸出条件の問題」とは、金利減免、金利棚上げ、元本返済猶予、資金使途に見合わない返済期限等がある。貸出条件の問題によりその債権が貸出条件緩和債権に該当する場合には、要管理先となる（「要管理先」以外の要注意先を「その他要注意先」と区別している）。

　履行状況の問題とは、例えば延滞が発生しているが、比較的短期間に解消が見込まれる場合である。3カ月以上（6カ月未満）延滞している債権がある債務者は要管理先となる。

「業況が低調ないし不安定」とは、典型的には赤字の状況である。ただし、一過性の赤字は正常先とできる。また、キャッシュ・フローがマイナスか、プラスであっても償還能力が劣る状況（実務的には、一般事業会社であれば営業キャッシュ・フローによる要償還債務の返済期間が概ね10年を超える状況）にある債務者である。

　「財務内容に問題がある」とは典型的には債務超過であるが、それが短期的に解消が見込まれる程度の場合である。長期間、解消が見込まれない場合には破綻懸念先や実質破綻先となる可能性が高い。

　典型的な要注意先とは、例えば、赤字を計上しているが実質債務超過の状況にまでは陥っていない債務者や、実質債務超過の状況にあるが短期的に解消が見込まれる債務者である。

（4）破綻懸念先

　破綻懸念先とは、旧金融検査マニュアルにおいて「現状、経営破綻の状況にはないが、経営難の状況にあり、経営改善計画等の進捗状況が芳しくなく、今後、経営破綻に陥る可能性が大きいと認められる債務者（金融機関等の支援継続中の債務者を含む）具体的には、現状、事業を継続しているが、実質債務超過の状況に陥っており、業況が著しく低調で貸出金が延滞状態にあるなど元本および利息の最終の回収について重大な懸念があり、したがって損失の発生の可能性が高い状況で、今後、経営破綻に陥る可能性が大きいと認められる債務者」と定義されている。実務的には、実質債務超過であるかどうかが破綻懸念先になるかどうかのメルクマールとされている。もし、資産超過であれば、その時点で解散すれば全ての負債について返済可能であるということであるから、これは合理的な回収シナリオが描けているということでもあるため、破綻懸念先にはしないことが多い。

　また、例えば、本社ビルや工場等の営業用資産に含み損があり、実質債務超過の状態にあっても、キャッシュ・フローの状況に問題がなければ、債務の償還能力の観点からは問題がないため破綻懸念先にしない。

　破綻懸念先は破綻の可能性だけでなく、回収の可能性でも判定するため、例えば、自金融機関が支援を継続する方針であるため当面は破綻しないという状

況であっても、損失発生の可能性が高い場合には破綻懸念先となることもある。

　実務的には、合理的な再建シナリオが描けているか、あるいは合理的な回収シナリオが描けているかという点から判断し、それらが描けない、すなわち、経営破綻に陥る可能性が大きい、あるいは元本および利息の最終の回収について重大な懸念があり損失の発生の可能性が高い場合には、破綻懸念先に該当する。

（5）実質破綻先

　実質破綻先とは、旧金融検査マニュアルにおいて「法的・形式的な経営破綻の事実は発生していないものの、深刻な経営難の状況にあり、再建の見通しがない状況にあると認められるなど実質的に経営破綻に陥っている債務者をいう。具体的には、事業を形式的には継続しているが、財務内容において多額の不良資産を内包し、あるいは債務者の返済能力に比して明らかに過大な借入金が残存し、実質的に大幅な債務超過の状態に相当期間陥っており、事業好転の見通しがない状況、天災、事故、経済情勢の急変等により多大な損失を被り（あるいは、これらに類する事由が生じており）、再建の見通しがない状況で、元金または利息について実質的に長期間延滞している債務者などをいう。」と定義されている。

　例えば、法的・形式的には経営破綻の事実は発生していないが、自主廃業により営業所を廃止しているなど、実質的に営業を行っていない債務者や金融機関等の支援を前提として経営改善計画等が策定されている債務者のうち、経営改善計画等の進捗状況が計画を大幅に下回って（8割未満）おり、今後も急激な業績の回復が見込めず、経営改善計画等の見直しが行われていない債務者、あるいは、経営改善計画の策定過程において、一部の取引金融機関について支援についての合意が得られず、今後、経営破綻に陥ることが確実と認められる債務者は実質破綻先となる。

（6）破綻先

　破綻先とは、旧金融検査マニュアルにおいて「法的・形式的な経営破綻の事実が発生している債務者をいい、例えば、破産、清算、会社整理、会社更生、民事再生、手形交換所の取引停止処分等の事由により経営破綻に陥っている債

務者をいう。」と定義されている。

　ただし、会社更生法、民事再生法等の規定による更生計画等の認可決定が行われた債務者については、破綻懸念先と判断することができる。さらに、以下の要件を充たしている場合には、更生計画等が合理的であり、その実現可能性が高いものと判断し、要注意先と判断できる。

　すなわち、更生計画等の認可決定後、当該債務者の債務者区分が原則として概ね５年以内に正常先または金融機関等の再建支援を要せず自助努力により事業の継続性を確保できる要注意先となる計画であり、かつ、概ね更生計画通りに経営改善が進むと認められる場合には要注意先と判断できる。

　また、更生計画等における当該債務者の債務者区分が５年を超え概ね10年以内に正常先または金融機関等の再建支援を要せず自助努力により事業の継続性を確保できる要注意先となる場合には（認可決定時には破綻懸念先に据え置き）、認可決定後、一定期間が経過し、進捗状況が概ね計画以上であり、今後も概ね計画通りに推移すると認められる場合に要注意先と判断できる。

２．分類対象外債権

（１）分類対象外債権の定義

　自己査定作業の主なステップのうち、債務者区分の決定の次のステップは、当初より査定の対象にしない債務者あるいは貸出金を区別することである。

　旧金融検査マニュアルでは、以下の７区分で分類対象外債権を示していた（旧「別表１」１．（６））。

① 決済確実な割引手形およびこれに類する電子記録債権

② 特定の返済財源により短時日のうちに回収が確実と認められる債権

③ 正常な運転資金と認められる債権

④ 預金および国債等の信用度の高い有価証券等の優良担保が付されている場合、あるいは預金等に緊急拘束措置が講じられている場合には、その処分見込み額に見合う債権

⑤ 優良保証付債権および保険金・共済金の支払いが確実と認められる保

険・共済付債権
⑥　政府出資法人および地方公共団体に対する債権
⑦　協同組織金融機関で、出資者の脱退または除名により、出資金の返戻額により債権の回収を予定している場合には、その出資金相当額に見合う債権

（2）分類対象外債権の査定上の留意事項

上記に挙げた分類対象外債権について、①、②、③、⑥について、その留意事項を解説する。

①　決済確実な割引手形について

債務者区分が破綻懸念先、実質破綻先、破綻先である者が振り出した手形ならびにこれらの者が債務者となっている電子手形債権は、自己査定上は決済確実な割引手形として取り扱わない。

②　特定の返済財源により短時日のうちに回収が確実と認められる債権について

特定の返済財源により短時日のうちに回収が確実と認められる債権とは、近く入金が確実な増資・社債発行代り金、不動産売却代金、代理受領契約に基づく受入金、あるいは返済に充当されることが確実な他金融機関からの借入金等で、概ね1カ月以内に回収される貸出金である（入金の確実性を確認できる書類が求められる）。

③　正常な運転資金と認められる債権について

正常な運転資金とは、正常な営業を行っていく上で恒常的に必要と認められる運転資金であり、原則として要注意先についてのみ認められる。ただし、要注意先に対する運転資金であっても、全ての要注意先に対して認められるものではなく、債務者の状況等により個別に判断する必要がある。また、破綻懸念先に対する運転資金であっても特定の財源によって確実に金融機関の口座に入金され、回収が確実と見込まれる場合には分類対象外債権とすることもできる。

正常運転資金の算定については旧金融検査マニュアルにおいては以下の式が記されているが、複数の金融機関が運転資金を融資している場合には、融資シェアを乗じて算出すること、また、運転資金として融資している金額が上限となる点に注意が必要である。

正常な運転資金＝（売上債権＋棚卸資産－仕入債務）×融資シェア

⑥　政府出資法人および地方公共団体に対する債権について

　政府出資法人に対する債権は分類対象外債権とするが（実務的には債務者区分を「正常先」とすることもある）、政府出資法人が出資または融資している債務者については原則として、一般事業法人と同様の方法で査定する。また、地方公共団体に対する債権も実務的には分類対象外債権（債務者区分を正常先とする）であるが、地方公共団体が出資または融資している債務者については原則として一般事業法人と同様の方法で査定する。ただし、その場合に、政府出資法人や地方公共団体からの出資や融資があることのみで正常先（非分類）とすることなく、支援が確実であれば、当該支援内容を踏まえた債務者区分の検討を実施する。

3．担保・保証による調整

（1）優良担保・一般担保

①　優良担保

　優良担保とは、預金等（預金、貯金、掛け金、元本保証のある金銭の信託、満期返戻金のある保険・共済をいう）、国債等の信用度の高い有価証券および決済確実な商業手形およびこれに類する電子記録債権等をいい（旧金融検査マニュアル「別表1」1．（4）①）、優良担保の処分可能見込額により保全されているものについては非分類とする。破綻懸念先以下では評価額と処分可能見込額の差額はⅢ分類とする（旧金融検査マニュアル「別表1」1．（4）、同1．（7）①〜④）。

　ⅰ）預金等

　　預金、貯金、掛け金、元本保証のある金銭の信託、満期返戻金のある保険・共済をいう。満期返戻金のある保険・共済は、基準日時点での解約受取金額が処分可能見込額となることに留意する。

　ⅱ）国債等の信用度の高い有価証券

債券、株式、外国証券で安全性に特に問題のない有価証券をいう。なお、国債等の信用度の高い有価証券以外の有価証券を担保としている場合には、処分が容易で換金が可能であるなど、流動性および換金性の要件を充たしたものでなければならない。

優良担保とすることができる有価証券については、旧金融検査マニュアル「別表１」１．（４）①を参照されたい。

iii）決済確実な商業手形

手形振出人の財務内容および資金繰り等に問題がなく、かつ、手形期日の決済が確実な手形をいう。ただし、商品の売買など実質的な原因に基づかず、資金繰り等金融支援のために振り出された融通手形は除かれる。

iv）これに類する電子記録債権

電子記録債権の債務者の財務内容および資金繰り等に問題がなく、かつ、支払期日における支払いが確実な電子記録債権をいう。ただし、商品の売買など実質的な原因に基づかず、資金繰り等金融支援のために発生記録がなされた電子記録債権は除かれる。

② 一般担保

一般担保は、優良担保以外の担保で客観的な処分可能性があるものをいい、例えば、不動産担保、動産担保、債権担保等が該当する（旧金融検査マニュアル「別表１」１．（４）②）。破綻懸念先以下の先について一般担保の処分可能見込額により保全されているものについては、Ⅱ分類とし、評価額と処分可能見込額の差額はⅢ分類とする（旧金融検査マニュアル「別表１」１．（４）、同１．（７）③～④）。

i）不動産担保、工場財団担保等

登記されているものを担保として取り扱う。抵当権設定登記を留保しているものについては、原則として一般担保とは取り扱わない。ただし、登記留保を行っていることに合理的な理由が存在し、登記に必要な書類が全て整っており、かつ、直ちに登記が可能な状態となっているものに限り、一般担保として取り扱って差し支えないものとされている。

ii）動産担保

動産担保については、確実な換価のために、適切な管理および評価の客観

性・合理性が確保されているものを一般担保として取り扱うことができる。

具体的には対抗要件が適切に具備されていることのほか、数量および品質等が継続的にモニタリングされていること、客観性・合理性のある評価方法による評価が可能であり、実際にもかかる評価を取得していること、当該動産につき適切な換価手段が確保されていること、担保権実行時の当該動産の適切な確保のための手続きが確立していることを含め、動産の性質に応じ、適切な管理および評価の客観性・合理性が確保され、換価が確実であると客観的・合理的に見込まれることが必要である。

iii）債権担保

債権担保については、確実な回収のために、適切な債権管理が確保されているものを一般担保として取り扱うことができる。

具体的には、対抗要件が適切に具備されていることのほか、当該第三債務者について信用力を判断するために必要となる情報を随時入手できること、第三債務者の財務状況が継続的にモニタリングされていること、貸倒率を合理的に算定できること等、適切な債権管理が確保され、回収が確実であると客観的・合理的に見込まれることが必要である。

（2）担保評価額

担保評価額とは、客観的・合理的な評価方法で算出した評価額（時価）をいう。

担保評価額については、必要に応じ、評価額推移の比較分析、償却・引当などとの整合性のほか、処分価格の検証において、担保不動産の種類別・債務者区分別・処分態様別・実際の売買価額の傾向など、多面的な視点から分析を行う必要がある。

また、担保評価においては、現況に基づく評価が原則であり、現地を実地に確認するとともに権利関係の態様、法令上の制限（建築基準法、農地法等）を調査の上で適切に行う必要があり、また土壌汚染、アスベストなどの環境条件等にも留意する必要がある（旧金融検査マニュアル「別表1」1．（4）③）。

① **不動産担保の評価方法**

売買事例、買受可能価額、公示価格、基準地価、相続税路線価、不動産鑑定評価などにより評価する。賃貸ビル等の収益用不動産の担保評価にあたっては、

原則、収益還元法による評価とし、必要に応じて、原価法による評価、取引事例による評価を加えて行う。

この場合において、評価方法により大幅な乖離が生じる場合には、当該物件の特性や債権保全の観点からその妥当性を慎重に判断する必要がある。

特に、特殊な不動産（ゴルフ場など）については、市場性を十分に考慮した評価としなければならない。

また、担保評価額が一定金額以上のものは、必要に応じて不動産鑑定士の鑑定評価を実施していることが望ましい。

② **動産・債権担保の評価方法**

動産・債権担保の担保評価については、実際に行っている管理手段等に照らして客観的・合理的なものでなくてはならない。

なお、担保評価額の見直しについて、旧金融検査マニュアルでは、破綻懸念先以下の場合は、少なくとも年１回（半期に１回が望ましい）、要注意先の場合は、年１回が望ましいとされている。

（３）処分可能見込額

処分可能見込額とは、担保評価額（時価）を踏まえ、当該担保物件の処分により回収が確実と見込まれる額をいう。通常、担保評価額に掛け目を乗じて算定する（旧金融検査マニュアル「別表１」１．（４）④）。

処分可能見込額＝担保評価額×掛け目[補足]

（補足）旧金融検査マニュアルに挙げられた掛け目の例

不動産担保	土地	：70%
	建物	：70%
動産担保	在庫品	：70%
	機械設備	：70%
売掛金担保	売掛金	：80%
有価証券担保	国債	：95%
	政府保証債	：90%
	上場株式	：70%
	その他債券	：85%

ただし、不動産担保についての掛け目は、実際の回収率データなどをもとに設定すべきものであり、常に70％を採用すればよいということではない。旧金融検査マニュアルにおいても、処分実績等が少ないとの事由により、掛け目の合理性が確保されない場合には、上記の掛け目以下の数値の使用を容認していた点に注意が必要である。

① **精度が十分に高い評価額**

　評価額の精度が十分に高い場合には、評価額と処分可能見込額が等しくなる。

　旧金融検査マニュアル上は、直近の不動産鑑定士による鑑定評価または競売における買受可能価額がある場合には、担保評価額の精度が十分に高いものとして当該価格を処分可能見込額と取り扱って差し支えないとされている。

　また、不動産鑑定士による鑑定評価額および競売における買受可能価額以外の価格についても、担保評価額の精度が高いことについて合理的な根拠がある場合は、担保評価額を処分可能見込額とすることができることに留意する必要がある。

② **不動産鑑定士による鑑定価額**

　不動産鑑定士による鑑定評価額（不動産鑑定評価基準に基づき評価を行ったものをいい、簡易な方法で評価を行ったものは含まない）であっても、状況によっては担保評価額の精度が十分に高いものとして取り扱うべきでない場合もあることに留意する。すなわち、債権保全という性格を十分考慮する観点から、鑑定評価の前提条件等や売買実例を検討するなどにより、必要な場合には、当該担保評価額に所要の修正を行う必要がある。また、鑑定の依頼方法、依頼先との関係についても留意することとされている。

（4）優良保証・一般保証

① **優良保証**

　優良保証は、公的信用保証機関の保証、金融機関の保証、複数の金融機関が共同して設立した保証機関の保証、地方公共団体と金融機関が共同して設立した保証機関の保証、地方公共団体の損失補償契約等保証履行、公的保険等の確実性が極めて高い保証をいう（旧金融検査マニュアル「別表1」1．（5）①）。

　優良保証により保全されているものについては、非分類とする（旧金融検

マニュアル「別表1」1.（5））。

　公的信用保証機関とは、法律に基づき設立された保証業務を行うことができる機関であり、信用保証協会、農林漁業信用基金、農漁業信用基金協会等である。ただし、公的信用保証機関の保証の種類によっては、保証履行の範囲が100％ではないものがあることに留意する必要がある。

　また、優良保証とできる保険としては住宅金融支援機構の「住宅融資保険」や貿易保険制度による「輸出手形保険」、「海外投資保険」などの公的保険のほか、民間保険会社の「住宅ローン保証保険」などの保険等がある。

　一般事業会社の保証については、原則として証券取引所上場または店頭公開の有配会社で、かつ保証者が十分な保証能力を有し、正式な保証契約によるものを優良保証とする。ただし、優良保証とするには、十分な保証能力を有していることが要件となっており、上場している有配会社であっても実務的には要注意先以下と判定されている場合には、優良保証としては取扱わない。

　なお、以下の場合には代位弁済の可能性に問題があり優良保証とはみなさない。

ⅰ）保証機関等の経営悪化等の理由から、代位弁済請求を行っていない場合、または代位弁済請求を行っているが、代位弁済が受けられない場合（公的保証機関による保証を除く）

ⅱ）代位弁済手続を失念あるいは遅延する等の手続上の理由により代位弁済を拒否されている場合

ⅲ）保証履行請求を行う意思がない場合

② **一般保証**

　一般保証とは、優良保証等以外の保証をいう。例えば、上場有配会社以外の会社で十分な保証能力を有する一般事業会社や個人による保証である（「別表1」1.（5）②）。一般保証により保全されているものについては、破綻懸念先以下の先ではⅡ分類とする（旧金融検査マニュアル「別表1」1.（5））。

ⅰ）保証の有無の判断

　一般保証による保全額は、保証人の資産または保証能力を勘案すれば回収が確実と見込まれる部分であり、保証人の資産または保証能力の確認が未了で保証による回収が不確実な場合は、当該保証により保全されていないものとする。

ii）保証能力の検証

　保証会社の保証能力の有無等の検証にあたっては、当該保証会社の財務内容、債務保証の特性、自己査定による債務者区分、償却・引当の状況、保証料率等の適切性等を踏まえた十分な実態把握に基づいて行う。

iii）保証予約および経営指導念書

　一般事業会社の保証予約および経営指導念書等で、当該保証を行っている会社の財務諸表上において債務者に対する保証予約等が債務保証および保証類似行為として注記されている場合、またはその内容が法的に保証と同等の効力を有することが明らかである場合で、当該会社の正式な内部手続を経ていることが文書その他により確認でき、当該会社が十分な保証能力を有するものについては、正式保証と同等に取り扱って差し支えない（旧金融検査マニュアル「別表1」1.（5）③)。

4．債権の分類基準

（1）債権分類のプロセス

　貸出金の分類額は債務者区分決定を受けて、以下のプロセスによって算定される。

　　①　分類対象外貸出金の把握：分類対象外債権を把握し、非分類とする。

　　②　担保・保証による調整：担保・保証によって保全されている額を非分類あるいはII分類とする。

　　③　分類額の算定：分類額を集計する。

　以上のステップを経て、自己査定の結果は、以下のように集計される。

図表2-1

債務者区分	債権残高	資産分類			
		Ⅰ（非分類）	Ⅱ	Ⅲ	Ⅳ
正常先	1,000	1,000	―	―	―
要注意先	300	100	200	―	―
破綻懸念先	200	50	100	50	―
実質破綻先	100	50	30	10	10
破綻先	50	10	20	10	10
計	1,650	1,210	350	70	20

＊数字は便宜上加えたものである。

　ここで債務者区分と分類の関係について注意すべきは、次の点である。

ⅰ）正常先からはⅡ、Ⅲ、Ⅳ分類は発生しない

ⅱ）要注意先からはⅢ、Ⅳ分類は発生しない

ⅲ）破綻懸念先からはⅣ分類は発生しない

　なお、通常の査定方法を適用しない債権（プロジェクト・ファイナンス、資産流動化に係る債権、住宅ローンなどの小口提携ローン等）の分類基準については、旧金融検査マニュアル「別表1」1．（7）を参照されたい。

（2）正常先に対する債権

　正常先に対する債権については、非分類とする（旧金融検査マニュアル「別表1」1．（7）①）。

（3）要注意先に対する債権

　要注意先に対する債権については、原則として、問題のある貸出金のうち優良担保の処分可能見込額および優良保証等により保全措置が講じられていない部分をⅡ分類とし、残額を非分類とする。

　旧金融検査マニュアルでは、以下に該当する債権で、優良担保の処分可能見込額および優良保証等により保全措置が講じられていない部分を原則としてⅡ分類とすることになっている（旧金融検査マニュアル「別表1」（7）②）。

①　不渡手形、融通手形及び期日決済に懸念のある割引手形ならびにこれらに類する電子記録債権

②　赤字・焦付債権等の補填資金、業況不良の関係会社に対する支援や旧債

肩代わり資金等

③　金利減免・棚上げ、あるいは、元本の返済猶予など貸出条件の大幅な軽減を行っている債権、極端に長期の返済契約がなされているもの等、貸出条件に問題のある債権

④　元本の返済もしくは利息支払が事実上延滞しているなど履行状況に問題のある債権および今後問題を生ずる可能性が高いと認められる債権

⑤　債務者の財務内容等の状況から回収について通常を上回る危険性があると認められる債権

（4）破綻懸念先に対する債権

破綻懸念先に対する債権については、優良担保の処分可能見込額および優良保証等により保全されている額を非分類とし、一般担保の処分可能見込額、一般保証により回収が可能と認められる部分および仮に経営破綻に陥った場合の清算配当等により回収が可能と認められる部分をⅡ分類とし、これ以外の部分をⅢ分類とする（旧金融検査マニュアル「別表1」1.（7）③）（図表2-2）。

図表2-2　破綻懸念先の分類方法

貸出金		Ⅲ分類	
	一般担保評価額	Ⅲ分類 *1	精度が高い場合にはⅡ分類
	一般担保処分可能見込額および一般保証回収見込額	Ⅱ分類	清算配当等*2
	優良担保・優良保証	非分類	

＊1　優良担保の評価額と処分可能見込額の差額もⅢ分類となる。
＊2　清算配当等による回収が可能と認められる部分
　　　当該債務者の他の債権者に対する担保提供の状況が明確に把握できるなど、債務者の資産内容の正確な把握及び当該債務者の清算貸借対照表の作成が可能な場合で、清算配当等の見積もりが合理的であり、かつ、回収が確実と見込まれる部分であるが、実務的には破綻懸念先ではかなり限定される。

（5）実質破綻先に対する債権

実質破綻先に対する債権については、優良担保の処分可能見込額および優良保証等により保全されている部分を非分類とし、一般担保の処分可能見込額、

一般保証による回収が可能と認められる部分および清算配当等により回収が可能と認められる部分をⅡ分類、優良担保および一般担保の担保評価額と処分可能見込額との差額をⅢ分類、これ以外の残額をⅣ分類とする（旧金融検査マニュアル「別表1」1．（7）④）（図表2−3）。

　破綻懸念先との相違は、担保の評価額でもカバーされていない部分がⅣ分類になることである。

図表2−3　実質破綻先の分類方法

貸出金		Ⅳ分類	
	一般担保評価額	Ⅲ分類 *1	精度が高い場合には Ⅱ分類
	一般担保処分可能見込額 および一般保証回収見込額	Ⅱ分類	清算配当等*2
	優良担保・優良保証	非分類	

＊1　優良担保の評価額と処分可能見込額の差額もⅢ分類となる。
＊2　清算配当等による回収が可能と認められる部分
　　　当該債務者の他の債権者に対する担保提供の状況が明確に把握できるなど、債務者の資産内容の正確な把握及び当該債務者の清算貸借対照表の作成が可能な場合で、清算配当等の見積もりが合理的であり、かつ、回収が確実と見込まれる部分である。

（6）破綻先に対する債権

　破綻先に対する債権については、優良担保の処分可能見込額および優良保証等により保全措置が講じられた部分を非分類とし、残額のうち一般担保の処分可能見込額および一般保証等により回収が可能と認められる部分ならびに清算配当等が見込まれる額をⅡ分類とし、残額のうち、一般担保の処分可能見込額と評価額との差額および一般保証により回収の見込が不確実の部分をⅢ分類とし、これ以外の部分をⅣ分類とする（旧金融検査マニュアル「別表1」1．（7）④）（図表2−4）。

　ただし、一般担保の評価額の精度が十分に高い場合には担保評価額をⅡ分類とすることができる。

図表２－４　破綻先の分類方法

			Ⅳ分類
		一般担保評価額	Ⅲ分類 *1	精度が高い場合には Ⅱ分類
貸出金		一般担保処分可能見込額 および一般保証回収見込額 ならびに清算配当が見込まれる 部分	Ⅱ分類	清算配当等*2
		優良担保・優良保証	非分類	

＊１　優良担保の評価額と処分可能見込額の差額もⅢ分類となる。
＊２　清算配当等による回収が可能と認められる部分とは以下の額である。
　　１）清算人等から清算配当等の通知があった場合の清算配当等の通知があった日から５年以内の
　　　　返済見込部分
　　２）当該債務者の他の債権者に対する担保提供の状況が明確に把握できるなど、債務者の資産内
　　　　容の正確な把握及び当該債務者の清算貸借対照表の作成が可能な場合で、清算配当等の見積
　　　　もりが合理的であり、かつ、回収が確実と見込まれる部分

　また、会社更生法等を申請した破綻先に対する貸出金については更生担保権
を原則としてⅡ分類とし、一般更生債権のうち、原則として、更生計画の認可
決定等が行われた日から５年以内の返済見込部分をⅡ分類、５年超の返済見込
部分をⅢ分類またはⅣ分類とし、切捨債権をⅣ分類とする。なお、会社更生法
等の申請が認可された場合には債務者区分の見直しを行うことができ（例えば、
破綻懸念先に変更）、その場合には、変更後の債務者区分に応じて分類するこ
とになる。

5．償却・引当の概要

　自己査定作業は適切な償却・引当の準備作業である。すなわち、貸出関連資
産の償却・引当は以下のように自己査定の結果である債務者区分と分類に従っ
て行われる。ここで、債務者区分における正常先または要注意先に対する債権
と破綻懸念先、および実質破綻先または破綻先に対する債権とでは償却・引当
の方法が異なる。

（1）正常先および要注意先

　正常先および要注意先に対する債権に対する貸倒引当金は一般的にそれぞれ

の区分における過去における貸倒実績率等に基づいて算定された引当率を債権残高に乗じて算定する（旧金融検査マニュアル別表2（以下、「別表2」）1.（1）①②）。

（2）破綻懸念先

破綻懸念先に対する債権に対する貸倒引当金は債権額から担保の処分可能見込額および保証による回収が可能と認められる額（非分類またはⅡ分類額）を減算し残額（Ⅲ分類額）のうち必要額を算定する（旧金融検査マニュアル「別表2」1.（2）①）。

（3）実質破綻先および破綻先

実質破綻先および破綻先に対する債権に対する貸倒引当金または直接償却額は債権額から担保の処分可能見込額および保証による回収が可能と認められる額（非分類またはⅡ分類額）を減算し、残りの全額（ⅢおよびⅣ分類額）について償却または引当を実施する（旧金融検査マニュアル「別表2」1.（2）②）。

図表2－5

債務者区分	債権残高	資産分類				償却・引当方法
		Ⅰ	Ⅱ	Ⅲ	Ⅳ	
正常先	10,000	10,000				貸倒実績率等
要注意先	300	100	200			貸倒実績率等
破綻懸念先	200	50	100	50		Ⅲのうち必要額
実質破綻先	100	50	30	10	10	Ⅲ・Ⅳ全額
破綻先	50	10	20	10	10	Ⅲ・Ⅳ全額
計	10,650	10,210	350	70	20	

破綻懸念先については必要額であるのに対して、実質破綻先および破綻先に対してはⅣ分類額だけでなく、Ⅲ分類額についても全額を償却・引当の対象とすることが必要である。

なお、破綻懸念先から破綻先について引当を実施する場合には、個々の債権に対して引当を実施するものであるため、「個別貸倒引当金」と呼び、正常先

および要注意先に対する実績率等によって債権全体に対して引き当てる「一般貸倒引当金」と区別している。

上記を前提に、償却・引当の金額を算定すると、以下のようになる。便宜上、貸倒実績率に基づく引当率は正常先が２％、要注意先が５％、破綻懸念先債権のⅢ分類額に対する引当率を70％とする。

＜償却・引当額＞

① 正常先：10,000×２％＝200
② 要注意先：300×５％＝15
③ 破綻懸念先：50×70％＝35
④ 実質破綻先：10＋10＝20
⑤ 破綻先：10＋10＝20
　　①＋②＋③＋④＋⑤＝290

図表２－６

債務者区分	債権残高	資産分類				引当率	償却・引当額
		Ⅰ	Ⅱ	Ⅲ	Ⅳ		
正常先	10,000	10,000				債権残高×２％	200
要注意先	300	100	200			債権残高×５％	15
破綻懸念先	200	50	100	50		Ⅲの70％	35
実質破綻先	100	50	30	10	10	Ⅲ・Ⅳの	20
破綻先	50	10	20	10	10	100％	20
計	10,650	10,210	350	70	20		290

ここで、注意すべきは、正常先および要注意先に対する債権に対する貸倒引当金は債権残高に引当率を乗じて算定するのに対して、破綻懸念先、実質破綻先および破綻先に対する債権に対する貸倒引当金は分類額、すなわち、ⅢまたはⅣ分類額を基礎に算定することである。

したがって、要注意先に対する引当金は一般的には分類額によって影響を受けないことに注意が必要である。

6．中小・零細企業の資産査定

（1）旧金融検査マニュアル別冊における資産査定

　中小・零細企業等の債務者区分については、その特性を踏まえて判断する必要がある。

　金融庁は旧金融検査マニュアルの別冊を策定し、その検証ポイントを示していたため、査定にあたっては当該別冊に示されたポイントを押さえる必要がある。

　中小・零細企業の経営・財務面の特性として「景気の影響を受けやすく、一時的な収益悪化により赤字に陥りやすい面」、あるいは「自己資本が大企業に比べて小さいため、一時的な要因により債務超過に陥りやすい面」、さらに、「大企業と比較してリストラの余地等も小さく黒字化や債務超過解消までに時間がかかることが多い」点が挙げられている。

　そこで、赤字や債務超過が生じているということだけでなく、取引実績やキャッシュ・フローを重視して検証することが求められている。

　この点について、中小・零細企業の査定において特に留意すべきは、実態財務状況等は財務データのみから把握されるものではなく、中小・零細企業の特性（代表者との一体性等）を踏まえて判断する必要があるという点である。

　さらに、代表者等に多額の借入があったり、グループに状況の悪い会社等がある場合には、これらについても一体として全体のキャッシュ・フローの状況を把握する必要があることに注意が必要である。

　これらの留意点については、旧金融検査マニュアル別冊（以下「別冊」という）は廃止されているものの、実務上の留意点としては考慮すべきポイントである。よって、以下では別冊に沿って解説する。

（2）別冊における債務者区分7つの検証ポイント

　別冊において挙げられている検証ポイントは以下のとおりである（「別冊」検証ポイント1～7参照）。

① 　代表者等との一体性
② 　企業の技術力、販売力、経営者の資質やこれらを踏まえた成長性

③　経営改善計画
④　貸出条件及びその履行状況
⑤　貸出条件緩和債権
⑥　企業・事業再生の取組みと要管理先に対する引当
⑦　資本性借入金ローンの取扱い

なお、「中小・零細企業等」の範囲については明確な規定はない。例えば、企業と代表者等が一体となっているといった中小・零細企業等においてよく見られる特性は、中堅クラスの企業においても見られることから、実態判断ということになる。

7. 貸出条件緩和債権

（1）貸出条件緩和債権の定義

　貸出金の査定において貸出条件の変更が貸出条件緩和に該当するかどうかは、重要なポイントである。すなわち、該当する場合には要管理先として管理することが必要となり、貸出条件緩和債権を不良債権として開示することも必要となる。

　金融再生法施行規則4条4項では、貸出条件緩和債権とは、「経済的困難に陥った債務者の再建または支援を図り、当該債権の回収を促進すること等を目的に、債務者に有利な一定の譲歩を与える約定条件の改定等を行なった貸出債権」とされ、銀行法施行規則19条の2第1項5号ロ（4）では、「債務者の経営再建又は支援を図ることを目的として、金利の減免、利息の支払猶予、元本の返済猶予、債権放棄その他の債務者に有利となる取決めを行った貸出金」をいうとされているが、同じ意味であり、共通する判断のポイントは以下の通りである。

① 経済的困難に陥った債務者

　一般に、経済的困難に陥った債務者とは要注意先と解されている。よって、貸出条件緩和債権は条件改定時において要注意先の債務者について検討すべきものである。

② 貸出条件の更改時（判断のタイミング）

貸出条件に関して債務者に有利な取り決めかどうかは、条件更改時において判断される。よって、判断のタイミングも条件更改時である。

③　再建・支援の目的

要注意先レベルの債務者に対して、「債務者に有利な取り決め」を行う場合には、通常は再建または支援の目的があることが推定される。よって、実務的には、次の④の判断によることになる。

④　債務者に有利な取り決め

債務者に有利な取り決めに当たるかどうかは、

図表２－７　貸出条件緩和債権の判断のポイント

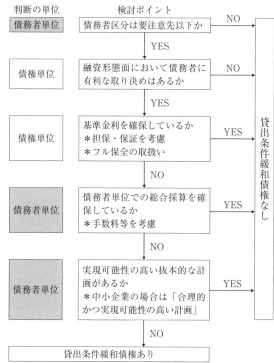

実務的には、融資形態および金利の面から判断される。なお、有利な取り決めについては債務者との間の合意によるものであるか、あるいは法律や判決によるものであるかは問わないことに留意する必要がある。

（2）貸出条件緩和債権の判断基準

貸出条件緩和債権に該当するか否かは、債務者区分が要注意先に該当するものについて、

①　融資形態面における有利な取り決めの有無

②　基準金利の確保の有無

③　債務者単位での総合採算の確保の有無

④　実現可能性の高い抜本的な計画の有無を確認することで判定する（図表

2－7参照）。

なお、融資形態面における「債務者に有利な取り決め」については、監督指針では、以下の通り例示されている（中小監督指針Ⅲ－4－9－4－3（2）③）。

ⅰ）金利減免債権：約定条件改定時において、当該債務者と同等な信用リスクを有している債務者に対して通常適用される新規貸出実行金利（以下「基準金利」）を下回る水準まで当初約定期間中の金利を引き下げた貸出金

ⅱ）金利支払猶予債権：利払の期日を延長した貸出金

ⅲ）経営支援先に対する債権：債権放棄などの支援を実施し、今後も再建計画の実施に際し必要となる支援の決定を行う方針を固めている債務者に対する貸出金

ⅳ）元本返済猶予債権：約定条件改定時において、基準金利を下回る金利で元本の支払を猶予した貸出金

ⅴ）一部債権放棄を実施した債権：私的整理における関係者の合意や会社更生、民事再生手続における認可決定等に伴い、元本の一部または利息債権の放棄を行った貸出金の残債

ⅵ）代物弁済を受けた債権：債務の一部弁済として、不動産や売掛金などの資産を債務者が債権者に引き渡した貸出金（担保権の行使による引き渡しを含む）の残債

ⅶ）債務者の株式を受け入れた債権：債務の一部弁済として、債務者の発行した株式を受領した貸出金の残債。ただし、当初の約定に基づき貸出金を債務者の発行した株式に転換した場合は除く

監督指針に例示されている以外にも、以下のような事項も、「債務者に有利な取り決め」とされる。

ⅷ）担保権の解除：債務者の資金繰りを支援することを目的として、債務者の資産の処分のため、担保権の一部または全部の解除を行った場合

ⅸ）劣後ローン：債務者の再建支援の目的で既存の債権の一部の回収条件を劣後化させた債権

一方、以下のような場合には、「債務者に有利な取り決め」に該当しないと判定できる場合もある（貸出条件緩和債権Q＆A各論）。

i ）正常な運転資金の範囲内で同額継続している短期運転資金貸出：正常な運転資金の範囲内での手貸・当貸の転がしは元本返済猶予債権に該当しないとされているが、正常な運転資金の額を超えているかどうかを判定する際には原則として融資シェア（可能であれば運転資金融資シェア）を乗ずる

ii ）返済能力に対応し、通常の借入期間の範囲内で返済条件、返済期間を変更している場合（返済能力に問題が発生しているような場合は除く）：例えば、通常は5年程度の貸出期間で融資すべき設備資金を3年で出したところ、1年後に新規投資の資金を確保するために、当初の貸出金の返済期限を2年延長し、当初より算定して5年とするような場合

iii ）合理的な条件のもとで当初から予定されていた条件変更：例えば、当初からの融資契約等により、賃貸ビル建設等のつなぎ資金をビル完成後に短期の期日一括返済から通常の借入期間にわたる分割返済に貸出条件を変更する場合

iv ）住宅ローン等の定型商品における軽微な条件変更など通常予定される貸出条件の範囲内での変更である場合

v ）相続によって発生した相続人に対する貸出金で、相続手続の遅れに伴い返済期限を延長しているが、相続人の返済能力には問題がない場合

vi ）不動産業におけるプロジェクト資金で、プロジェクトの遅延によって返済期限を延長したが、延長期間は短期であり、販売見通しは確実で、最終的な回収は問題ないと考えられる場合：当該プロジェクトの債務者にとっての重要性によっては正常先という場合もあり得る。ただし、延長期間についての目安はない。市況が回復しつつある場合には少々延びても問題ないが、市況の悪化が進行しているような状況では、短期であっても償還能力に問題が発生している場合があるので注意が必要である

（3）基準金利

　融資形態面から、債務者に有利な取り決めに該当する可能性の高い貸出金については基準金利（または基準金利と実質的に同等の利回り）が確保できているかどうかを検討する必要がある。

つまり、基準金利（または基準金利と実質的に同等の利回り）が確保できていれば、融資形態面においては問題があっても貸出条件緩和債権には該当しない。

① 基準金利の定義

貸出条件緩和債権の判断における「基準金利」とは「当該債務者と同等な信用リスクを有している債務者に対して通常適用される新規貸出実行金利」（中小指針Ⅲ－4－9－4－3（2）③）である。ここで注意しなければならないのは、貸出条件緩和債権の判断における「基準金利」とは、一般的な目標金利であるいわゆる「ガイドライン金利」とは異なっているという点である。

② 理論値と新規貸出約定平均金利

「基準金利」には「理論値」（原価計算に基づいた金利）と「新規貸出約定平均金利」がある。なお、「理論値」は「信用リスク等に見合ったリターンが確保されている旨を合理的・客観的に証明できる方法により求めた金利」と定義されている。

なお、理論値の算定については、貸出条件緩和債権Q＆A各論（問4）を参照されたい。

③ 原則的な基準金利

「新規貸出約定平均金利」を原則としつつ、それが「理論値」と比較して著しく低い場合には理論値が認められる。なお、基準金利の設定に際しては、信用リスクに基づく区分ごとに基準金利を算出する必要があるが、原則として同一の算出方法によることとされている。

④ 総合採算による判断

基準金利は経済合理性に従って設定する必要があり、経済合理性とは基準金利の設定が恣意的でなく、信用リスクに見合った利回りが確保できていることであるとされているが、その判断においては、担保・保証による保全を加味したり、あるいは、手数料等の総合的な採算利回りも加味することになり、その調整は「総合採算による判断」と称される。

ｉ）担保・保証による保全の加味

　ａ．担保による調整

　　自己査定上の担保の種類には、優良担保と一般担保があるが、信用リス

クコストを計算する場合には、特に区別されることはない。ただし、担保物の価値の変動には注意する必要がある。つまり、優良担保であっても上場株式などは価値の変動が比較的大きく、長期与信の担保の場合には、融資時の保全額が融資期間にわたって確保できるかどうか不確実である。実際には当該価格そのものを保全額とはせず、掛け目を設定しているが、それでも価格変動のリスクがある。この点は不動産担保においても同様である。

　一方、預金担保については、基本的に価値の変動はないため、掛け目も100％として勘案することが可能である。

b．保証による調整

　優良保証のうち、公的な保証機関による保証については、保証機関に経済的な問題が発生していない限り、特段の問題はない。実務的にも原則として回収見込率を100％として基準金利を設定すればよい。

　一方、一般事業会社による保証を勘案して基準金利（理論値）を算定する場合には、回収見込率を調整するよりも、むしろ、保証付貸出金は、保証人に対する貸出金とみなして、保証人の信用リスクに見合った金利が確保されているかどうかという判断をしたほうが合理的である。この場合のデフォルト率としては、保証人の信用格付に見合ったものを使用する。

　特に、一般保証については保証人の保証能力の検討を十分に実施する必要がある。中でも中小・零細企業の代表者による保証については基本的に保証人の信用力による判断ではなく、法人と個人を一体とみて信用格付（または債務者区分）を付し、合算ベースでの信用リスクに見合った金利が確保できているかという点を検討する必要がある。

c．債権額の全額が保全されている場合（フル保全）の取扱い

　債権額の全額が保全されている場合には基準金利として理論値を採用している場合も新規貸出約定平均金利を採用している場合も、基準金利に相当する金利の判断にあたって、原則として調達コスト（資金調達コスト＋経費コスト）が確保できていれば貸出条件緩和債権に該当しないものとされている。

　預金担保や公的機関による保証については、基本的に上記の取扱いに問

題はない。しかし、保全の種類によっては、与信期間中に保全額が変動するものがある。例えば、条件変更によって、返済条件をテールヘビーにした場合に、その最終回しわ寄せ額が不動産担保によって保全されているような場合の判断である。この場合も保全額が適切に算定されていれば、フル保全であるため、資金調達コストと経費コストが確保できていれば貸出条件緩和債権に該当しないという取扱いになるが、実務的には長期の与信期間にわたってフル保全という状況が継続するかどうかを慎重に検討する必要がある。

　また、担保不動産が営業用資産であって、最終回しわ寄せ額が多額でその資産の売却によってしか返済できず、その後の営業の継続ができないような債務者は、そもそも担保からの回収を主に考えている先として、債務者区分を破綻懸念先とする必要はないかを検討する必要がある。

d. 根担保・根保証の取扱い

　根担保や根保証は、一定の範囲に属する不特定の債権を保全するものであり、保全する債権が確定するまでは、個別の債権のみを保全するものではないことから、総合的な採算を勘案するにあたって、根担保や根保証による信用リスク等の増減については、被担保等債権全体に均等に勘案される必要がある。

　ただし、既に他の手段（特定担保や特定債務保証等）で信用リスク削減効果が勘案されている債権部分を除いて均等に勘案することを妨げるものではない（貸出条件緩和債権関係Ｑ＆Ａ各論（問17））。

ⅱ）貸出金利以外の収入による総合採算

　貸出条件緩和債権は個々の貸出金ごとの判断が原則であるが、個々の貸出金の中には信用リスクに見合った金利が確保できていないものがあっても、債務者との取引全体では十分に採算に合っているという場合もある。すなわち、手数料等の当該債務者に対する取引の総合的な採算を勘案して、当該貸出金に対して基準金利が適用される場合と実質的に同等の利回りが確保されている場合に貸出条件緩和債権とはしないことができる。

a. 取引の総合的な採算の範囲

　「取引の総合的な採算」に該当する範囲は、「金融機関と当該貸出金の債

務者企業との取引」であり、基本的には債務者企業の範囲を拡大すべきではないと考えるが、個々のケースに当たっては、債務者の実態を勘案し判断することとなる。この範囲の拡大解釈には注意が必要である（貸出条件緩和債権関係Q＆A各論（問14））。

b.　勘案できる手数料等

個別債務者に関し、金利以外の手数料、配当等の収入、信託銀行等における証券代行手数料、年金受託手数料、不動産仲介手数料などの役務取引等収益が、「当該債務者に対する取引の総合的な採算」に勘案すべき対象となる。

総合的な採算に勘案できるのは当該債務者から貸出期間にわたって継続的に見込める収益、あるいは一時的であっても合理的な計算に基づき貸出期間全体にわたって配分可能である収益であり、間接費用を含む費用を控除した後の利益で勘案するものである。将来の収益については、貸出期間にわたってその収入が確実に得られることが合理的に説明可能である場合のみ、勘案することができる（貸出条件緩和債権関係Q＆A各論（問15））。

なお、金利以外の手数料、配当等の収入を勘案した総合的な採算によって基準金利が適用される場合と実質的に同等の利回りが確保されていることを合理的に説明するためには、実務的には、個別債務者別採算管理システムの構築が必要と考えられる。

ⅲ）競争上の観点

現在の貸出金利水準が当該債務者の信用リスク等に比べ低く設定されている場合であっても、例えば、他の金融機関との競合上の観点から現状の金利を適用することが取引継続のため必要とされるような場合には、「債務者の経営再建又は支援を図ること」を目的としていないと認められる。ただし、その場合においても、中長期的には総合採算においてリスクに見合ったリターン（利回り）が確保される展望が必要である（貸出条件緩和債権関係Q＆A各論（問11）、（問16））。

（4）貸出条件緩和債権の卒業基準

貸出条件緩和債権の解除要件（いわゆる「卒業基準」）については、中小指

針Ⅲ－4－9－4－3（2）③、および、貸出条件緩和債権関係Q＆Aに示されている。

　すなわち、①正常先（業況が良好であり、かつ、財務内容にも特段の問題がないと認められる債務者）になった場合のほか、②当該債務者の経営状況が改善し信用リスクが減少した結果、当該貸出金に対して基準金利が適用される場合と実質的に同等の利回りが確保されていると見込まれる場合には、当該貸出金は貸出条件緩和債権には該当しない。

　特に、③実現可能性の高い抜本的な経営再建計画に沿った金融支援の実施により経営再建が開始されている場合は、当該経営再建計画に基づく貸出金は貸出条件緩和債権には該当しないものと判断して差し支えないとされている。

① **正常先になった場合**

　正常先となった場合には貸出条件緩和債権には該当しない。

　ただし、貸出条件に問題のある債権が残存している場合には、要注意先に該当する可能性が残るため、慎重な判断が必要である。

② **信用リスクの軽減により基準金利と同等の金利を確保した場合**

　ⅰ）業況の改善

　債務者の経営状況が改善し信用リスクが減少した結果、当該債務者に対する貸出金に対して基準金利が適用される場合と実質的に同等の利回りが確保された場合には、貸出条件緩和債権には該当しない。経営状況の改善は、各金融機関が、その業務の基本要素として、具体的事案に沿って個別に判断すべき事柄であるが、例えば、キャッシュ・フローの相当程度の改善、期間損益の黒字化、債務超過の解消等があれば、「改善」と判断できると考えられる（「貸出条件緩和債権関係Q＆A」各論（問24））。

　したがって、必ずしも正常先になっていなくとも、金利面から採算が取れていれば、貸出条件緩和債権から外れることになる。

　ⅱ）担保・保証等による保全の強化

　担保・保証等による保全の強化、あるいは担保価格の上昇による保全額の増加によって実質的に基準金利が適用される場合と同等の利回りが確保できている状態になった場合も同様に、貸出条件緩和債権には該当しない。

③ **「実現可能性の高い抜本的な計画」の実施**

ⅰ）「実現可能性の高い抜本的な計画」（実・抜計画）の要件については、第3章3.（1）「債務者区分の実質基準」にて詳解する。

ⅱ）既存の計画の進捗による判断

　既存の計画に基づく経営再建の進捗が順調で、残りの期間における再建計画の評価が実・技計画の要件をすべて満たすこととなった場合も、「実現可能性の高い抜本的な経営再建計画に沿った金融支援の実施により経営再建が開始されている場合」と同様に貸出条件緩和債権の卒業基準を満たす。

ⅲ）計画の進捗が良好でない場合の取扱い

　当初においては「実現可能性の高い抜本的な計画」（中小・零細企業の場合には「合理的かつ実現可能性の高い計画」を含む）であったとしても、その後、それらの要件を欠くこととなり、当該計画に基づく貸出金に対して基準金利が適用される場合と実質的に同等の利回りが確保されていないと見込まれるようになった場合には、当該計画に基づく貸出金は貸出条件緩和債権に該当することとなる。

　また、再建計画の中途において、「実現可能性の高い抜本的な計画」の要件を満たすとして、一旦、貸出条件緩和債権から除外した場合も、その後の進捗状況が悪化した場合は、再び貸出条件緩和債権に該当することになる。

（5）中小・零細企業の貸出条件緩和債権の判定における注意点

中小・零細企業の貸出条件緩和債権の判定においては、その特性を踏まえて、代表者の資産や、資産売却による返済見込額を担保のようにみなして基準金利の判断をする取扱いが認められているほか、経営改善計画等の要件についても緩和されている。

①　代表者等が当該企業の保証人となっておらず、かつ個人資産を担保提供していない場合であっても、代表者等の当該企業に対する支援の意思が確認されている場合には、当該代表者等の資産について返済能力に加味することができることを踏まえ信用リスクを勘案する

②　貸出条件の変更を実施している債権であっても、当該企業が保有する資産の売却等の見通しが確実であり、それにより返済財源が確保されている場合等には、信用リスクそのものが軽減されていることを勘案する

③　経営改善計画等の要件について緩和されており、いわゆる「合理的かつ実現可能性の高い計画」の要件を満たす経営改善計画等が策定されていれば、「実現可能性の高い抜本的な計画」の要件を満たしたものとして取り扱うことができる

　また、実現可能性の判断において、当面の間、10年以内の計画であれば、明らかに達成困難であると認められる場合を除き、進捗が確認できていない計画策定直後であっても実現可能性の高い計画として取り扱うことができ、進捗状況が概ね1年以上順調に進捗している場合にも、その計画は実現可能性の高い計画であると判断して差し支えない。

　さらに、中小・零細企業について貸出条件の変更を行った日から最長1年以内に、当該経営再建計画を策定する見込みがある場合、すなわち、金融機関と債務者との間で合意には至っていないが、債務者の経営再建のための資源等（例えば、売却可能な資産、削減可能な経費、新商品の開発計画、販路拡大の見込み）が存在することを確認でき、かつ、債務者に経営再建計画を策定する意思がある場合には、当該貸出条件の変更を行った日から最長1年間は、当該債務者に対する債権は貸出条件緩和債権には該当しないものと判断して差し支えない。ただし、1年以内に策定できないことが明らかになった場合、あるいは1年経過したが策定できなかった場合には、その時点で貸出条件緩和債権となる。

第2章　出題

■ 第81回関連出題 ■

第1問　　　　　　　　　　　　　　　　　　　　　（第81回）

　債務者区分に関する次の記述について、最も不適切な選択肢を一つ選びなさい。

（1）会社更生法の適用申請を行った債務者は破綻先となる。

（2）破産法の規定による破産の申立が行われた債務者は破綻先となる。

（3）民事再生法の適用の申請を行った債務者は破綻先となる。

（4）特別清算開始の申立てがなされている債務者は破綻先となる。

（5）経営再建計画の進捗状況が計画を大幅に下回っており、今後も急激な業績の回復が見込めない債務者は破綻先となる。

解答：P.113

第2問　　　　　　　　　　　　　　　　　　　　　（第81回）

　中小・零細企業の査定に関する次の記述について、最も不適切な選択肢を一つ選びなさい。

（1）特許権や実用新案権の存在がなくとも、具体的な製品化や大手企業との技術協力等の実態を確認できるのであれば、当該状況を勘案して査定することができる。

（2）企業の技術力、販売力を評価する際に中小企業診断士の評価を勘案する場合には、金融機関内の中小企業診断士の評価によることも可能である。

（3）技術力の検討に当たっては、技術力が今後の収益改善にどのように寄与するかなどといった点を具体的に検討することが必要である。

（4）債務者の技術力の評価として、特許権や実用新案権を勘案する場合には事業計画が不可欠である。

（5）特許権や実用新案権の存在がない場合に技術力を勘案して査定するには、

75

必要に応じて外部の専門家による技術力の評価を利用する。

解答：P.113

第3問　　　　　　　　　　　　　　　　　　　　　　　　　　　（第81回）

　代表者等との一体査定に関する次の記述について、最も不適切な選択肢を一つ選びなさい。

（1）代表者の資産を加味する場合に、代表者等に借入金や第三者に対する保証債務がある場合には、当該金額を考慮する必要がある。

（2）当該企業の代表者等からの借入金については、代表者等が借入金等の返済を当面要求しないことを確認した場合にのみ自己資本相当額に加算することができる。

（3）代表者等への貸付金や未収金等があり、回収不能額があると見込まれる場合には、その金額を自己資本相当額から控除する必要がある。

（4）代表者等の個人資産としては、預金や有価証券等の流動資産、および不動産（処分可能見込額）等の固定資産または満期返戻金のある保険・共済（期末時点での解約返戻金の額）を加味することができる。

（5）代表者等の収入状況については、個人については個人収支や資金繰り等、関係企業については企業収支や資金繰り等により確認する必要がある。

解答：P.114

第4問　　　　　　　　　　　　　　　　　　　　　　　　　　　（第81回）

　代表者等との一体査定に関する次の記述について、最も不適切な選択肢を一つ選びなさい。

（1）代表者等が当該企業の保証人となっている場合は、代表者等の支援の意思確認は不要である。

（2）企業が赤字で返済能力がないと認められる場合であっても、代表者等への役員報酬や家賃等の支払いから赤字となり、金融機関への返済資金を代表者等から調達している場合があるので、赤字の要因や返済状況、返

済原資の状況を確認する必要がある。

（3）代表者等への報酬を削減できるという前提で実態損益計算書を作成する場合には、代表者等の収支状況を確定申告書などにより確認し、削減可能性を検討する必要がある。

（4）代表者等との一体査定にあたり、経営者による経営者保証がない場合、一体査定することはできない。

（5）法人の決算は赤字で、返済能力がないと認められる場合であっても、金融機関への返済資金を代表者等から調達している場合のように、実際に役員報酬等を削減し黒字化していなくても法人と個人とを一体とみなして査定することができる場合もある。

解答：P.114

第5問 (第81回)

　貸出条件緩和債権の基準金利に関する次の記述について、**最も不適切な選択肢を一つ選びなさい。**

（1）基準金利と同等の金利が確保できているかどうかの判断に当たっては、担保・保証による信用リスクの軽減を加味して判断する。

（2）基準金利として理論値を使用するのは、それが新規貸出約定平均金利と比較して著しく低い場合である。

（3）基準金利（新規貸出約定平均金利）は原則として、要注意先の債務者について、信用リスクを適切に反映させた区分ごとの新規貸出約定金利の加重平均により算出する。

（4）基準金利（理論値）は調達コスト（資金調達コスト、経費コスト）、信用リスクコストの合計として算定される。

（5）基準金利（理論値）の算定における倒産確率（PD）や倒産時損失率（LGD）は貸倒引当金の算出等に当たって合理的なPDおよびLGDを用いているのであれば、その算出に当たっての考え方と整合的であることが望ましい。

解答：P.115

（1）～（5）の債権の中から、最も貸出条件緩和債権に該当する可能性の高いものを一つ選びなさい。なお、当該金融機関における期間1年間の目標貸出金利は債務者区分に応じて以下のようになっている。ただし、正常運転資金に見合う貸出金の基準金利は便宜的に正常先相当の金利とする。また、保全による信用リスクの軽減については、便宜的に次の算式によって反映させるものとする。

〈算定式〉

・基準金利（理論値）＝資金調達コスト＋経費コスト＋信用リスクコスト
・保全を加味した信用リスクコスト＝基準金利の信用リスクコスト×（1－保全率）

	正常先	要注意先
資金調達コスト	0.2%	0.2%
経費コスト	2%	3%
信用リスクコスト	1%	8%
目標利益	2%	4%
計	5.2%	15.2%

（1）正常先である債務者から金利引下げの要請があり、他の金融機関との競争上、2％へ引き下げた。

（2）要注意先である債務者から金利引下げの要請があり、2％まで引き下げた。

（3）要注意先である債務者から金利引下げの要請があり、貸出金の全額について預金担保による保全を確保した上で金利を3.6％まで引き下げた。

（4）要注意先である債務者に対する運転資金について期限の延長要請があり、金利は12.8％としてこれに応じた。

（5）要注意先である債務者に対する運転資金としての手形貸付の期限が到来し、同条件で実行した。当該手形貸付は同額で、かつ、同金利（6％）で継続しているが、正常運転資金の範囲内の同額継続である。

解答：P.116

第7問 (第81回)

　以下の債権について、不動産担保による保全額を算定し、最も適切な選択肢を一つ選びなさい。

○債権残高：800百万円

○根抵当権設定額：1,000百万円　順位：3位

○先順位債権額：1位　300百万円　2位　200百万円

○担保物件の評価額：1,500百万円

○処分可能見込額算定における掛け目：70%

（1）550百万円

（2）750百万円

（3）800百万円

（4）1,000百万円

（5）1,050百万円

解答：P.116

■ 第80回関連出題 ■

第8問 (第80回)

　債務者区分と分類の関係について、最も適切な選択肢を一つ選びなさい。

（1）要注意先債権には非分類額はない。

（2）破綻懸念先債権には非分類額はない。

（3）破綻先債権には非分類額はない。

（4）貸出関連資産の分類は、同一債務者であっても原則として、債権ごとに実施しなければならない。

（5）実質破綻先からⅢ分類額が発生することはない。

解答：P.116

信用格付に関する次の記述について、最も不適切な選択肢を一つ選びなさい。

（1）信用リスクを的確に評価・計測するため、業務の規模・特性及びリスク・プロファイルに照らして適切な信用格付制度の整備が求められている。

（2）プロジェクトファイナンスの債権については、必ず信用格付を付さなければならない。

（3）信用格付は債務者区分と整合的でなければならない。

（4）延滞の発生、資金繰り悪化、業績の悪化、親会社支援の変化、大口販売先の倒産等の情報を適時適切に信用格付に反映する態勢を整備する必要がある。

（5）信用格付は適切な有効期限を設ける等により、適時に見直さなければならない。

解答：P.117

債務者区分に関する次の記述について、最も適切な選択肢を一つ選びなさい。

（1）赤字であるが、その原因が固定資産の売却損など一過性のものであり、短期間に黒字化することが見込まれる場合でも正常先とすることはできない。

（2）業況が不芳であっても、財務内容に特段に問題がないと認められれば正常先となる。

（3）元本返済または利息支払いが延滞していない債務者は正常先となる。

（4）赤字から黒字に転換したことは、正式な決算数値によってのみ判断すべきであり、中間決算や月次の試算表に基づいて判断することはできない。

（5）創業赤字で、当初計画が5年以内の黒字化を予定するなど合理的で、売上高等および当期利益を事業計画比で概ね7割以上確保している場合は正常先と判断して差し支えない。

解答：P.117

第11問 (第80回)

　債務者区分に関する次の記述について、**最も適切な選択肢を一つ選びなさい。**

（1）一部の取引金融機関について経営改善計画等への合意が得られない場合で、今後、経営破綻に陥る可能性が確実と認められる債務者は破綻先としなければならない。

（2）特定調停法の規定による特定調停の申し立てが行われた債務者を破綻先とした。

（3）会社更生法に基づく更生計画が認可された債務者は破綻懸念先とすることができる。

（4）要管理先である債務者とは、法的・形式的な経営破綻の事実は発生していないものの、深刻な経営難の状態にある債務者である。

（5）法的・形式的な経営破綻の事実が発生している債務者は実質破綻先となる。

解答：P.118

第12問 (第80回)

　債務者区分の判断に際して勘案するものとして、**最も不適切な選択肢を一つ選びなさい。**

（1）事業の継続性と収益性の見通し

（2）キャッシュ・フローによる債務償還能力

（3）経営改善計画等の妥当性

（4）金融機関等の支援状況

（5）担保・保証の状況

解答：P.118

第13問 (第80回)

　貸倒引当金の計算に関する次の記述について、**最も適切な選択肢を一つ選びなさい。**

以下の自己査定結果及び所定の予想損失率に基づいて債務者区分ごとの貸倒引当金を算定する。予想損失率は正常先が1％、要注意先①が4％、要注意先②が5％、要管理先が10％、破綻懸念先が非保全額の40％とする。

	債務残高	非分類	Ⅱ分類	Ⅲ分類	Ⅳ分類
正常先	10,000	10,000	–	–	–
要注意先①	3,000	1,000	2,000	–	–
要注意先②	2,000	–	2,000	–	–
要管理先	50	10	40	–	–
破綻懸念先	100	50	20	30	–

（1）貸倒引当金の合計は256である。

（2）貸倒引当金の合計は257である。

（3）貸倒引当金の合計は337である。

（4）貸倒引当金の合計は345である。

（5）貸倒引当金の合計は350である。

解答：P.118

■ 第78回関連出題 ■

第14問　　　　　　　　　　　　　　　　　　　　　　　　（第78回）

　旧金融検査マニュアルの自己査定（別表1）の債権の分類方法に記載されている「貸出金に準ずる債権」に含まれていない選択肢を一つ選びなさい。

（1）貸出金に準ずる仮払金

（2）外国為替

（3）銀行保証付私募債

（4）未収金

（5）貸付有価証券

解答：P.119

第15問　　　　　　　　　　　　　　　　　　　　　　　　（第78回）

　信用格付に関する次の記述について、最も不適切な選択肢を一つ選びなさい。

（1）内部のデータの信頼性及び標本数が不十分と認められる場合には、外部の信用調査機関等のデータをもって補完するなどの調整が必要である。

（2）国内基準適用金融機関にあっては、債務者区分より細分化した信用格付を付さなければならない。

（3）「信用格付」とは、債務者の信用リスクの程度に応じた格付をいい、信用リスク管理のために不可欠のものであるとともに、正確な自己査定及び適正な償却・引当の基礎となるものである。

（4）内部監査部門は「信用格付」の正確性を検証する必要がある。

（5）「信用格付」は債務者の業況及び今後の見通し、格付機関による当該債務者の格付の見直し、市場等における当該債務者の評価に基づき、見直す必要がある。

解答：P.119

第16問
（第78回）

　信用格付に関する次の記述について、**最も不適切な選択肢を一つ選びなさい。**

（1）信用格付は、検証可能な客観性のある形で付与しなければならない。

（2）信用格付は、債務者の財務内容、信用格付業者による格付、信用調査機関の情報などに基づき、債務者の信用リスクの程度に応じて付与しなければならない。

（3）信用リスクを的確に評価・計測するため、業務の規模・特性及びリスク・プロファイルに照らして適切な信用格付制度を整備する必要がある。

（4）信用格付は、適切な有効期限を設ける等により、適時に見直さなければならない。

（5）信用格付の区分に応じて貸倒引当金を設定することはできない。

解答：P.119

第17問
（第78回）

　債務者区分に関する次の記述について、**最も不適切な選択肢を一つ選びなさ**

い。

（1）元金又は利息について実質的に長期間（6カ月以上）延滞している債務
　　　者は実質破綻先となる。

（2）手形交換所において取引停止処分になった債務者は実質破綻先となる。

（3）会社更生法の適用申請を行った債務者は破綻先となる。

（4）一部の取引金融機関について経営改善計画等への合意が得られない場合
　　　で、今後、経営破綻に陥る可能性が確実と認められる債務者は実質破綻
　　　先として差し支えない。

（5）破綻先とは、法的・形式的な経営破綻の事実が発生している債務者をいう。

解答：P.120

第18問

　債務者区分に関する次の記述について、最も不適切な選択肢を一つ選びなさ
い。

（1）要注意先である債務者とは、元本返済もしくは利息支払が事実上延滞し
　　　ているなど履行状況に問題がある債務者をいう。

（2）要注意先である債務者とは、財務内容に問題のある債務者をいう。

（3）要注意先である債務者とは、業況が低調ないしは不安定である債務者を
　　　いう。

（4）要注意先である債務者とは、金利減免・棚上げを行っているなど貸出条
　　　件に問題がある債務者をいう。

（5）要注意先である債務者のうち要管理先とは、当該債務者に対する債権の
　　　全部が三月以上延滞債権である債務者である。

解答：P.120

第19問

　債務者区分に関する次の記述について、最も不適切な選択肢を一つ選びなさ
い。

（1）現状、経営破綻の状況にはないが、経営難の状態にあり、今後、経営破綻に陥る可能性が大きいと認められる債務者（金融機関等の支援継続中の債務者を含む）は破綻懸念先となる。

（2）貸出金が延滞状態にあるなど、元本及び利息の最終の回収について重大な懸念があり損失の発生の可能性が高い状態の債務者は破綻懸念先となる。

（3）実質債務超過の状態に陥っている債務者は破綻懸念先となる。

（4）経営改善計画等の進捗状況が芳しくなく、今後も金融機関等の支援が必要である債務者は破綻懸念先となる。

（5）会社更生法等による更生計画等が認可され、概ね5年以内に正常先となる計画である債務者は要注意先となる。

解答：P.120

第20問　　　　　　　　　　　　　　　　　　　　　　　　　（第78回）

　債権の分類方法に関する次の記述について、最も不適切な選択肢を一つ選びなさい。

（1）国及び地方公共団体に対する債権は非分類とする。

（2）要注意先に対する債権のうち、業績不良の関係会社に対する支援や旧債肩代わり資金等で、優良担保の処分可能見込額及び優良保証等により保全措置が講じられていない部分は、原則としてⅡ分類とする。

（3）破綻懸念先に対する運転資金であっても、特定の返済財源による返済資金が確実に自行（庫・組）の預貯金口座に入金され、回収が可能と見込まれる債権については、分類対象外債権とできる場合もある。

（4）不動産の売却代金によって、概ね3カ月後に回収されると認められる債権は分類対象外債権とすることができる。

（5）決済確実な割引手形は分類対象外債権となる。

解答：P.121

　担保・保証に関する次の記述について、最も不適切な選択肢を一つ選びなさい。
（1）元本保証のある金銭の信託は優良担保とすることができる。
（2）信用格付業者による直近の格付符号が「ＢＢＢ」相当以上の債券を発行する会社の債券は優良担保とすることができる。
（3）満期返戻金のある保険・共済については基準日時点の契約額を優良担保による保全額とすることができる。
（4）金融商品取引所上場会社の発行している非上場株式は優良担保とすることができる。
（5）日本国が加盟している条約に基づく国際機関、日本国と国交のある政府又はこれに準ずるもの（州政府等）及び地方公共団体の発行する債券は優良担保とすることができる。

解答：P.121

　以下の正常先債権の分類に関して、非分類の金額として、最も適切な選択肢を一つ選びなさい。

　与信総額は500百万円（融資シェア50％）であり、その内訳は決済確実な割引手形50百万円、手形貸付100百万円、証書貸付350百万円（うち100百万円は保証協会の保証付（被保証率100％））である。
（1）150百万円
（2）200百万円
（3）250百万円
（4）400百万円
（5）500百万円

解答：P.121

第23問 （第78回）

　以下の実質破綻先である債務者に対する貸出金について、分類額及び償却引当額を算定し、最も適切な選択肢を一つ選びなさい。

・与信総額：200百万円（シェア100％）

・内訳は以下のとおり。

　割引手形40百万円（うち10百万円は自金融機関の自己査定の結果、債務者区分が破綻懸念先である取引先に係るものであるが、それ以外の割引手形は決済に懸念がない。）

　手形貸付50百万円

　証書貸付110百万円

・保全は法人の本社土地及び建物（評価額100百万円、処分可能見込額算定時の掛け目は80％であり、他の金融機関による担保権設定はない。）に極度額100百万円の根抵当権を設定しており、預金担保として10百万円の定期預金を徴求済である。

	非分類	Ⅱ分類	Ⅲ分類	Ⅳ分類	償却・引当額
（1）	50	80	20	50	70
（2）	40	80	20	60	80
（3）	40	100	0	60	60
（4）	50	100	0	50	50
（5）	50	80	0	70	70

※単位：百万円

解答：P.122

第24問 （第78回）

　未収利息に関する次の記述について、最も不適切な選択肢を一つ選びなさい。

（1）実質破綻先であっても、保全状況等による回収の可能性を勘案して未収利息を資産計上することができる。

（2）未収利息については原則としてその計上の元となっている元本の債務者区分と同じ債務者区分を付す。

（3）契約上の利払日を6カ月以上経過しても利息の支払を受けていない要注
意先債権に係る未収利息が資産計上されている場合には、その合理性を
検討する必要がある。

（4）要管理先については、未収利息不計上とはされていない。

（5）破綻懸念先に対する債権については、保全があり回収が見込まれる場合
には未収利息を計上することができる。

解答：P.122

第25問 (第78回)

外国の民間企業等に対する債権に関する次の記述について、最も適切な選択
肢を一つ選びなさい。

（1）外国の民間企業等に対する債権については、原則として通常の債権と同
様に分類する。

（2）外国の民間企業等に対する債権については、原則として延滞基準により
分類する。

（3）外国の民間企業等に対する債権については、分類対象外とすることがで
きる。

（4）外国の民間企業等に対する債権については、決算書等の入手・分析が困
難であるため、原則として外部格付により分類する。

（5）外国の民間企業に対する貸出金は、原則としてその存在する国の財政状
態、経済状況、外貨繰りの状況など政治経済情勢等の状況によって分類
する。

解答：P.122

第26問 (第78回)

個人向けローン等に関する次の記述について、最も適切な選択肢を一つ選び
なさい。

（1）住宅ローンについては、全額非分類とすることができる。

（2）個人向け定型ローンについては、全額Ⅱ分類とすることができる。

（3）個人向け定型ローンについては、延滞状況等の簡易な基準により分類を行うことができる。

（4）住宅ローンについては、担保となっている住宅の担保価値に応じて分類する。

（5）個人向け定型ローンについては、一般事業法人と同様の方法で分類しなければならない。

解答：P.123

第27問

（第78回）

　資産等の流動化に係る債権に関する次の記述について、最も適切な選択肢を一つ選びなさい。

（1）資産等の流動化に係る債権については分類の対象としないことができる。

（2）資産等の流動化に係る債権については延滞状況等の簡易な基準により分類を行うことができる。

（3）資産等の流動化に係る債権については回収の危険性の度合いに応じて、見做し債務者区分を付して分類を行う。

（4）資産流動化によって保有している債権は、スキームに内在するリスクを適切に勘案した上で、回収の危険性の度合いに応じて分類する。

（5）資産等の流動化に係る債権については、有価証券と同様の方法により分類を行う。

解答：P.123

第28問

（第78回）

　貸出関連資産の査定に関する次の記述について、最も不適切な選択肢を一つ選びなさい。

（1）貸出関連資産の査定は適切な抽出基準によって抽出した一部の債務者について実施することもできる。

（2）資産査定は毎期末を基準日として実施するが、随時に査定することも認められている。

（3）営業関連部門の協力の下に営業関連部門から独立した部門が自己査定を実施する方法も認められる。

（4）高格付の先であっても赤字や債務超過といった問題が発生した場合には原則として査定対象として抽出する。

（5）通常、貸出関連資産に含まれる資産項目毎に抽出基準を設定しなければならない。

解答：P.124

■ 第77回関連出題 ■

第29問   （第77回）

信用格付に関する次の記述について、最も不適切な選択肢を一つ選びなさい。

（1）信用格付は資産分類と整合的でなければならない。

（2）信用格付とは、債務者の信用リスクの程度に応じた格付をいい、信用リスク管理のために不可欠のものであるとともに、正確な自己査定及び適正な償却・引当の基礎となるものである。

（3）信用格付は、債務者の財務内容、信用格付業者による格付、信用調査機関の情報などに基づき、債務者の信用リスクの程度に応じて付与しなければならない。

（4）延滞の発生、資金繰り悪化、業績の悪化、親会社支援の変化、大口販売先の倒産等の情報を適時適切に信用格付に反映する態勢を整備する必要がある。

（5）信用リスクを的確に評価・計測するため、業務の規模・特性及びリスク・プロファイルに照らして適切な信用格付制度を整備する必要がある。

解答：P.124

第30問

　信用格付に関する次の記述について、**最も不適切な選択肢を一つ選びなさい。**

（１）国際統一基準適用金融機関にあっては信用格付を行うものとし、国内基準適用金融機関にあっては信用格付を導入することが望ましいとされている。

（２）信用格付は適切な有効期限を設ける等により、適時に見直さなければならない。

（３）信用格付の区分に応じて貸倒引当金を設定することはできない。

（４）信用格付に関する銀行の内部データの信頼性及び標本数が十分でないと認められる場合には、外部の信用調査機関等のデータをもって補完する必要がある。

（５）債務者区分は原則として信用格付に基づいて実施する。

解答：P.125

第31問

　債務者区分に関する次の記述について、**最も適切な選択肢を一つ選びなさい。**

（１）要注意先となる債務者として、元金又は利息について実質的に長期間（実質的に６カ月以上）延滞している債務者が挙げられる。

（２）中小・零細企業で赤字となっている債務者だが、返済能力について特に問題がないと認められる債務者は直ちに要注意先となる。

（３）元本返済又は利息支払いが延滞していない債務者は正常先となる。

（４）業況が良好であり、かつ、財務内容にも特段の問題がないと認められる債務者は正常先となる。

（５）要管理先である債務者とは要注意先の債務者のうち、当該債務者の債権の全部が３カ月以上延滞債権である債務者である。

解答：P.125

　債務者区分の特徴に関する次の記述について、**最も適切な**選択肢を一つ選びなさい。

（1）事業を形式的には継続しているが、財務内容において多額の不良資産を内包し、あるいは債務者の返済能力に比して明らかに過大な借入金が残存し、実質的に大幅な債務超過の状態に相当期間陥っており、事業好転の見通しがない債務者は実質破綻先となる。

（2）民事再生法の規定による再生計画の認可決定が行われた債務者など過去において実質的に経営破綻に陥っていた債務者は実質破綻先となる。

（3）会社更生法の規定による更生計画の認可決定が行われた債務者は実質破綻先となる。

（4）営業は継続しているものの、経営改善計画等の進捗状況が芳しくなく、今後、経営破綻に陥る可能性が大きいと認められる債務者（金融機関等の支援継続中の債務者を含む）は実質破綻先となる。

（5）手形交換所において取引停止処分になった債務者は実質破綻先となる。

解答：P.126

　一般貸倒引当金に関する次の記述について、**最も不適切な**選択肢を一つ選びなさい。

（1）前期以前に要管理先として個別的な残存期間を算定する方法により貸倒引当金を算定していた大口債務者が、その他要注意先に上位遷移した場合、原則として経営改善計画等の期間内は従前と同様の引当方法を適用することが望ましい。

（2）正常先に対する債権については、今後1年間の予想損失額を見込むことが認められている。

（3）要管理先以外の要注意先に対する債権については、今後1年間の予想損失額を見込むことが認められている。

（4）要管理先に対する債権については、今後5年間の予想損失額を見込むことが必要である。

（5）経済情勢が急激に悪化している場合には、予想損失率の算定にあたり、最近の期間における貸倒実績率又は倒産確率の増加率を考慮した調整を検討する必要がある。

解答：P.126

第34問　　　　　　　　　　　　　　　　　　　　　　　　　（第77回）

　以下の正常先債権の貸倒実績データに基づいてX4期末における正常先債権に対する損失見込率を算定し、適切な選択肢を一つ選びなさい。なお、損失見込期間は1年として、損失見込率は過去3算定期間（それぞれの算定期間は1年間）の平均貸倒実績率として計算しなさい。なお、小数点第3位を四捨五入して算定すること。

貸倒実績データ

	期初債権残高	貸倒償却等毀損額
X1期	20,000	24
X2期	20,000	16
X3期	24,000	24

（1）0.08%

（2）0.09%

（3）0.10%

（4）0.11%

（5）0.12%

解答：P.126

第35問　　　　　　　　　　　　　　　　　　　　　　　　　（第77回）

　個別貸倒引当金に関する次の記述について、最も不適切な選択肢を一つ選びなさい。

（1）破綻懸念先に対する債権に係る貸倒引当金は、通常、今後3年間の損失

見積額を計上していれば妥当と認められる。

（2）破綻懸念先に対する債権に係る貸倒引当金は、元本及び利息の受取に係るキャッシュ・フローを合理的に見積もることができる債権については、ＤＣＦ法によって貸倒引当金を計上することができる。

（3）破綻懸念先に対する債権に係る貸倒引当金は、Ⅲ分類とされた債権額に予想損失率を乗じた額を予想損失額とする方法が認められる。

（4）破綻懸念先の貸倒実績率は、破綻先となった全ての先について発生した損失／債権額で算定される。

（5）破綻懸念先に対して倒産確率による引当を実施している場合の、倒産件数は実質破綻先又は破綻先となった全ての件数である。

解答：P.127

第36問 （第77回）

　破綻懸念先に対する債権について、以下の保全等の状況を前提として各分類額を求め、適切な組み合わせの選択肢を一つ選びなさい。

　与信総額は1,000百万円（融資シェア50%）であり、その内訳は決済確実な割引手形100百万円、手形貸付500百万円、証書貸付400百万円（うち100百万円は保証協会の保証付）である。

　なお、当該債務者の有する営業債権（受取手形・売掛金）は200百万円（不良債権額20百万円）、棚卸資産は120百万円、営業債務（支払手形・買掛金）は200百万円である。

　保全面は代表者の自宅（評価額300百万円、処分可能見込額は評価額の7割）に極度額400百万円（先順位債権額100百万円）の根抵当権を設定している。また、預金担保として100百万円の定期預金を徴求済である。

（1）非分類350百万円　Ⅱ分類110百万円　Ⅲ分類540百万円　Ⅳ分類0
（2）非分類300百万円　Ⅱ分類210百万円　Ⅲ分類490百万円　Ⅳ分類0
（3）非分類300百万円　Ⅱ分類400百万円　Ⅲ分類300百万円　Ⅳ分類0
（4）非分類300百万円　Ⅱ分類110百万円　Ⅲ分類590百万円　Ⅳ分類0

（5）非分類350百万円　Ⅱ分類400百万円　Ⅲ分類250百万円　Ⅳ分類0

解答：P.127

第37問　　　　　　　　　　　　　　　　　　　　　　　（第77回）

　債務者区分の判断に関する次の記述について、最も不適切な選択肢を一つ選びなさい。

（1）償還能力は融資を実行する際の審査においては重要な項目であり、自己査定においても主要なチェックポイントである。

（2）不動産販売業者の場合、開発プロジェクトからの資金回収可能見込時期と債務償還時期とを勘案して償還能力を判断する必要がある。

（3）資産運用を資金使途とした融資のある債務者（製造業）に関する償還能力は、債務者の営業キャッシュ・フローよりも、むしろ運用資産から得られるキャッシュ・フローによって判断すべきである。

（4）不動産賃貸業の場合には、要償還債務の返済年数が長期になる場合でも、当初から長期の融資期間が想定されており、問題のない場合もある。

（5）債務者区分の判断の目安となる債務償還年数は、監督指針、旧金融検査マニュアルにおいて明示されていない。

解答：P.127

第38問　　　　　　　　　　　　　　　　　　　　　　　（第77回）

　以下の要注意先である債務者に対する貸出金のうち分類対象外貸出金としての正常な運転資金の金額を計算し、適切な選択肢を一つ選びなさい。なお、業種は製造業とし、運転資金の融資シェアは60％とする。ただし、解答に当たっては運転資金としての貸出金の残高による制約を受けないものとする。

・売上債権　900

・棚卸資産　1,400

・買掛金　600

・支払手形　400

(1) 1,300
(2) 　720
(3) 　780
(4) 1,700
(5) 1,000

第39問 (第77回)

貸出関連資産の分類基準に関する次の記述について、最も不適切な選択肢を一つ選びなさい。

(1) 要注意先債権はⅠ分類かⅡ分類になる。
(2) 正常先債権は全額がⅠ分類となる。
(3) 破綻先債権にはⅢ分類はない。
(4) 破綻懸念先債権は原則として、Ⅰ分類、Ⅱ分類またはⅢ分類に分類する。
(5) 実質破綻先は原則として、Ⅰ分類、Ⅱ分類、Ⅲ分類またはⅣ分類に分類する。

解答：P.128

第40問 (第77回)

貸出関連資産の分類基準に関する次の記述について、最も不適切な選択肢を一つ選びなさい。

(1) 自己査定において、Ⅱ、Ⅲ及びⅣ分類に分けることを「分類」といい、Ⅱ、Ⅲ及びⅣ分類とした資産を「分類資産」という。
(2) Ⅰ分類は、「Ⅱ分類、Ⅲ分類及びⅣ分類としない資産」であり、回収の危険性又は価値の毀損の危険性について、問題のない資産である。
(3) Ⅱ分類とするものは、「債権確保上の諸条件が満足に充たされないため、あるいは、信用上疑義が存する等の理由により、その回収について通常

の度合いを超える危険を含むと認められる債権等の資産」であり、一般
担保・保証で保全されているものと保全されていないものとがある。

（4）Ⅲ分類とするものは、「最終の回収又は価値について重大な懸念が存し、
従って損失の発生の可能性が高いが、その損失額についての推計が全く
不可能な資産」である。

（5）Ⅳ分類とするものは、基本的に、査定基準日において「回収不可能又は
無価値と判定される資産」である。

解答：P.128

第41問 (第77回)

未収利息に関する次の記述について、最も適切な選択肢を一つ選びなさい。

（1）未収利息については、短期に回収されることが見込まれることから一律
に正常先とする。

（2）要管理先に対する債権についての未収利息は原則として資産計上しない。

（3）破綻懸念先に対しては原則として未収利息を資産計上しない。

（4）実質破綻先及び破綻先であっても、保全状況等による回収の可能性を勘
案して未収利息を資産計上することができる。

（5）未収利息を不計上とした債権について、回収があった場合には利息とし
て計上せず元本に充当しなければならない。

解答：P.129

第42問 (第77回)

**プロジェクト・ファイナンスの債権に関する次の記述について、最も不適切
な選択肢を一つ選びなさい。**

（1）プロジェクト・ファイナンスの債権については、回収の危険性の度合い
に応じて、みなし債務者区分を付して分類を行う。

（2）プロジェクト・ファイナンスの債権についてはLTV（ローン・トゥ
ー・バリュー）やDSCR（デッド・サービス・カバレッジ・レシオ）

97

等の指標を加味しながら総合的に回収の危険性を評価する方法による査
　　定が可能である。

（3）みなし債務者区分とは、プロジェクトをあたかも債務者のようにみなし、
　　これに債務者区分を付すことをいう。

（4）ＬＴＶ（ローン・トゥー・バリュー）とは、借入れ等の負債金額を資産
　　価値で割った負債比率のことをいい、この数値が高いほど、価格変動に
　　対する対応力が高く、損失の発生する可能性は低いとされている。

（5）ＤＳＣＲ（デッド・サービス・カバレッジ・レシオ）とは、各年度の元
　　利返済前のキャッシュ・フロー、すなわち純収益が当該年度の元利支払
　　所要額の何倍かを表す比率のことをいい、この数値が高いほど、ローン
　　に係る元利金支払に関する安全性が高いことを示すとされている。

解答：Ｐ.129

■ **第75回関連出題** ■

第43問 （第75回）

　分類対象外債権に関する次の記述について、**最も不適切な選択肢を一つ選び
なさい。**

（1）地方公共団体が出資している債務者に対する債権は分類対象外債権とす
　　る。

（2）政府出資法人に対する債権は分類対象外債権とする。

（3）破綻懸念先に対する運転資金であっても、特定の返済財源による返済資
　　金が確実に自行（庫・組）の預貯金口座に入金され、回収が可能と見込
　　まれる債権については、分類対象外債権とできる場合もある。

（4）決済確実な割引手形及び特定の返済財源により短時日のうちに回収が確
　　実と認められる債権は分類対象外債権となる。

（5）不動産の売却代金によって、概ね1カ月以内に回収されると関係書類で
　　確認できる債権は分類対象外債権とすることができる。

解答：Ｐ.129

第44問

　債務者区分と分類に関する次の記述について、最も適切な選択肢を一つ選び
なさい。

（１）実質破綻先からⅣ分類額が発生することはない。

（２）Ⅰ分類は、「優良担保又は優良保証により保全された資産」のことをいい、
　　　回収の危険性又は価値の毀損の危険性について、問題のない資産である。

（３）Ⅱ分類とするものは全て一般担保・保証で保全されているものである。

（４）Ⅲ分類とするものは、「最終の回収又は価値について重大な懸念が存し、
　　　従って損失の可能性が高いが、その損失額について合理的な推計が困難
　　　な資産」である。

（５）Ⅳ分類とするものは、「回収不可能又は無価値と判定される資産」であり、
　　　その資産が絶対的に回収不可能又は無価値であるものである。

解答：P.130

第45問

　中小・零細企業の査定に関する次の記述について、最も適切な選択肢を一つ
選びなさい。

（１）経営改善計画等の進捗状況や今後の見通しを検討する際には、キャッシ
　　　ュ・フローについての検討も重要であるが、将来のバランス・シートの
　　　見通しをより重視することが適当である。

（２）特許権や実用新案権の存在がない場合に技術力を勘案して査定するには
　　　外部の専門家による技術力の評価が必要である。

（３）技術力の検討に当たっては、技術力が今後の収益改善にどのように寄与
　　　するかなどといった点を具体的に検討することが必要である。

（４）債務者の技術力を査定に反映させるためには、特許権や実用新案権の存
　　　在が必要である。

（５）債務者の技術力の評価として、特許権や実用新案権を勘案する場合には
　　　事業計画が不可欠である。

第46問 （第75回）

　債務者区分の判断に関する次の記述について、**最も不適切な選択肢を一つ選びなさい。**

（1）会社法上の大会社については、会計監査人の設置状況について留意する必要がある。

（2）法人の債務者については、すべて会計監査人の監査意見について確認する必要がある。

（3）仕入先の手形が割り引かれているなど、融通手形の可能性が高い場合には注意を要する。

（4）債務者の会計監査人が交代している場合には、交代理由の把握に努める等、慎重な対応が必要である。

（5）メインバンクの交代などがあった場合には、その理由が、債務者の業況等が悪化したことに伴うものではないか等に注意を要する。

解答：P.131

第47問 （第75回）

　債務者区分の判断に関する次の記述について、**最も適切な選択肢を一つ選びなさい。**

（1）債務者区分の判断は、原則としてキャッシュ・フローによる債務償還能力によって自動的に判断される。

（2）債務者区分の判断の目安となる債務償還年数は、監督指針及び金融検査マニュアルにおいて明示されていない。

（3）有価証券を運用目的で購入した債務者の償還能力は、営業キャッシュ・フローよりも、むしろ当該有価証券の売却によって得られるキャッシュ・フローによって判断すべきである。

（4）償還能力は融資を実行する際の審査においては重要な項目であるが、自

己査定においては副次的な項目である。

（5）要償還債務の債務償還年数算定に際しては、常に過去一定期間の平均キャッシュ・フローを使用し、調整は避けるべきである。

解答：P.131

第48問 （第75回）

　貸出条件緩和債権の判断に関する次の記述について、最も適切な選択肢を一つ選びなさい。なお、基準金利は無担保の場合は5％、債権全額について保全されている場合は2％とする。

（1）他行との競合のため、貸出金の全額について金利を1％まで引き下げた正常先である債務者に対する貸出金は貸出条件緩和債権に該当する。

（2）正常先である時に、長期の設備資金を融資したが、現在は要注意先となっており、要注意先の基準金利は確保できていない債権は貸出条件緩和債権である。

（3）要注意先である債務者から金利引下げの要請があり、貸出金の全額について担保による保全を確保した上で金利を3％まで引き下げた債権は貸出条件緩和債権に該当しない。

（4）要注意先である債務者に対する運転資金としての手形貸付の期限が到来した。当該手形貸付を正常運転資金の範囲内で同額、かつ、同金利（4％）で継続した場合、当該債権は貸出条件緩和債権に該当する。

（5）要注意先である債務者から返済猶予の要請があり、債権の一部について担保による保全を確保して、金利は2％でこれに応じた。当該貸出金は貸出条件緩和債権に該当しない。

解答：P.132

■ 第74回関連出題 ■

第49問 （第74回）

債務者区分の特徴に関する次の記述について、最も不適切な選択肢を一つ選

びなさい。

（1）要注意先となる債務者として、業況が低調である債務者が挙げられる。

（2）破綻懸念先となる債務者として、金融機関等の支援が継続中である債務者が挙げられる。

（3）実質破綻先となる債務者として、天災、事故、経済情勢の急変等により多大な損失を被り、再建の見通しがない債務者が挙げられる。

（4）破綻先となる債務者として、手形交換所において取引停止処分になった債務者が挙げられる。

（5）要管理先である債務者として、当該債務者の債権の全部が延滞債権である債務者が挙げられる。

解答：P.132

第50問 （第74回）

　債務者区分と分類に関する次の記述について、最も適切な選択肢を一つ選びなさい。

（1）正常先債権には分類債権はない。

（2）要注意先債権には非分類額はない。

（3）破綻懸念先債権に非分類額はない。

（4）実質破綻先債権に非分類額はない。

（5）破綻先債権には非分類額はない。

解答：P.132

第51問 （第74回）

　債務者区分と分類に関する次の文章の空欄A ～ Dに入る用語の組み合わせとして、最も適切な選択肢を一つ選びなさい。

　債権の査定に当たっては、原則として、（　A　）を行い、（　A　）に基づき（　B　）の判定を行ったうえで、債権の資金使途等の内容を個別に検討し、

（　C　）等の状況を勘案のうえ、債権の回収の危険性又は価値の毀損の危険性の度合いに応じて、（　D　）を行う。

（1）A：分類、B：債務者区分、C：担保や保証、D：信用格付
（2）A：担保や保証、B：分類、C：債務者区分、D：信用格付
（3）A：信用格付、B：債務者区分、C：分類、D：担保や保証
（4）A：信用格付、B：債務者区分、C：担保や保証、D：分類
（5）A：債務者区分、B：信用格付、C：担保や保証、D：分類

解答：P.133

第52問 (第74回)

　償却・引当に関する次の記述について、最も不適切な選択肢を一つ選びなさい。
（1）正常先に対する債権については、原則として債権額に予想損失率を乗じて貸倒引当金を算定する。
（2）要注意先に対する債権について、Ⅱ分類額が増加すると、債権残高は不変でも、貸倒引当金が増加する。
（3）貸倒実績率は貸倒償却等毀損額を債権残高で除して算定されるが、この貸倒償却等毀損額には債権売却損も含まれる。
（4）一般貸倒引当金を算定するにあたり、特定の業種の貸倒実績率が他の業種に比べて高い場合には、特定の業種ごとにグルーピングを行い、予想損失率を算定することが望ましい。
（5）商品の特性別にグルーピングして予想損失額を算定することも認められる。

解答：P.133

第53問 (第74回)

　破綻懸念先に対する貸倒引当金に関する次の記述について、最も不適切な選択肢を一つ選びなさい。

103

（1）破綻懸念先に対する債権に係る貸倒引当金は、通常、今後3年間の損失見
　　　積り額を計上していれば妥当と認められる。
（2）破綻懸念先に対する債権に係る貸倒引当金は、元本及び利息の受取に係
　　　るキャッシュ・フローを合理的に見積もることができる債権については、
　　　ＤＣＦ法によって貸倒引当金を計上することができる。
（3）破綻懸念先に対する債権に係る貸倒引当金は、Ⅲ分類とされた債権額に
　　　予想損失率を乗じた額を予想損失額とする方法も認められる。
（4）破綻懸念先に対する債権に係る貸倒引当金は、債権残高にグループ毎に
　　　同一の予想損失率を適用し、予想損失額を算定する方法は認められない。
（5）破綻懸念先に対して倒産確率による引当を実施している場合の、倒産件
　　　数は実質破綻先または破綻先となった全ての件数である。

解答：P.133

第54問

（第74回）

　「十分な資本的性質が認められる借入金」に関する次の記述について、最も
適切な選択肢を一つ選びなさい。
（1）「十分な資本的性質が認められる借入金」は、新規融資の場合、既存の借
　　　入金を転換した場合のいずれであっても、負債ではなく資本とみなすこ
　　　とができる。
（2）「十分な資本的性質が認められる借入金」に対する貸倒引当金の算定は、
　　　劣後性を有する場合には、回収可能見込額をゼロとみなして貸倒見積高
　　　を算定する方法により行わなければならない。
（3）債権者の意思により、期限前回収が可能な契約が付されている借入金に
　　　ついても「十分な資本的性質が認められる借入金」とみなすことができる。
（4）「十分な資本的性質が認められる借入金」は、全額Ⅳ分類としなければな
　　　らない。
（5）「十分な資本的性質が認められる借入金」は、延滞基準により分類できる。

解答：P.134

第55問 （第74回）

　以下のような状況にある中小・零細企業の査定において代表者等と一体査定した場合の実質自己資本の額を算定し、最も適切な選択肢を一つ選びなさい。

　　　資産：1,100（うち　不良資産の回収不能見込額：100）
　　　負債：1,200（うち　代表者等からの借入金：300）

　ただし、代表者等からの借入金は当面返済を要求されることはないものとする。
（1）▲200
（2）▲100
（3）100
（4）200
（5）300

解答：P.134

第56問 （第74回）

　以下の事例におけるA銀行の取り分（保全額）を計算し、最も適切な選択肢を一つ選びなさい。なお、処分可能見込額は評価額に掛け目として70％を乗じて算定する。

（債権の状況）　A銀行：1,500万円、B銀行：2,000万円、C銀行：1,000万円
（担保の状況）
・土地（評価額5,000万円）
・優先租税1,300万円
・抵当権の状況
1位　　B銀行の根抵当権：極度額1,000万円
2位　　A銀行の根抵当権：極度額1,000万円

3位　C銀行の根抵当権：極度額1,000万円
（1）2,200万円
（2）1,500万円
（3）1,200万円
（4）1,000万円
（5）　200万円

解答：P.135

■ 模擬問題等 ■

第57問 （模擬問題）

　正常先及び要注意先の判定に関する次の記述について、誤っている選択肢を一つ選びなさい。

（1）業況が良好であり、かつ、財務内容にも特段の問題がないと認められる債務者は、正常先である。

（2）金利減免・棚上げを行っているなど貸出条件に問題のある債務者は、要注意先である。

（3）元本返済若しくは利息支払いが事実上延滞しているなど履行状況に問題がある債務者は、要注意先である。

（4）業況が低調ないしは不安定な債務者は、要注意先である。

（5）創業赤字であるが、黒字化する期間が概ね10年以内となっている計画があり、その計画に沿ったものであれば正常先とできる。

解答：P.135

第58問 （模擬問題）

　破綻懸念先の特徴に関する次の記述について、誤っている選択肢を一つ選びなさい。

（1）業況が著しく低調である債務者。

（2）金融機関等の支援が継続中である債務者。

（3）実質的に大幅な債務超過に相当期間陥っている債務者。

（4）経営破綻の状況にはないが、経営難の状態にあり、経営改善計画等の進捗状況が芳しくなく今後、経営破綻に陥る可能性が大きいと認められる債務者。

（5）事業を継続しているが、貸出金が延滞状態にあるなど元本及び利息の最終の回収について重大な懸念がある債務者。

解答：P.135

第59問　（模擬問題）

　実質破綻先の特徴に関する次の記述について、誤っている選択肢を一つ選びなさい。

（1）会社更生法の規定による更生計画の認可決定が行われた債務者。

（2）営業は継続しているものの、経営改善計画等の進捗状況が芳しくなく、再建の見通しがない債務者。

（3）法的・形式的な経営破綻の事実は発生していないものの、深刻な経営難の状態にある債務者。

（4）元金または利息について実質的に長期間（実質的に6カ月以上）延滞している債務者。

（5）法的・形式的には経営破綻の事実は発生していないが、自主廃業により営業所を廃止しているなど、実質的に営業を行っていないと認められる債務者。

解答：P.136

第60問　（模擬問題）

　資産の分類に関する次の記述について、誤っている選択肢を一つ選びなさい。

（1）自己査定においては、回収の危険性又は価値の毀損の危険性の度合いに応じて資産をⅠ、Ⅱ、Ⅲ、Ⅳの4段階に分類する。

（2）Ⅰ分類は、「Ⅱ分類、Ⅲ分類及びⅣ分類としない資産」であり、回収の危

険性又は価値の毀損の危険性について、問題のない資産である。

（3）Ⅱ分類とするものは全て一般担保・保証で保全されているものである。

（4）Ⅲ分類とするものは、最終の回収又は価値について重大な懸念が存し、従って損失の発生の可能性が高いが、その損失額について合理的な推計が困難な資産であるが、金融機関にとって損失額の推計が全く不可能とするものではなく、個々の資産の状況に精通している金融機関自らのルールと判断により損失額を見積もることが適当とされるものである。

（5）Ⅳ分類とするものは、基本的に、査定基準日において「回収不可能又は無価値と判定される資産」である。

解答：P.136

第61問 （模擬問題）

　破綻した債務者に対する債権の分類に関する次の記述について、誤っている選択肢を一つ選びなさい。

（1）清算人等から清算配当等の通知があった場合の清算配当等の通知があった日から5年以内の返済見込部分は、Ⅱ分類とすることができる。

（2）債務者の資産内容の正確な把握及び清算貸借対照表の作成が可能な場合には、清算配当の見積り額をⅡ分類とすることができる。

（3）民事再生法の規定による再生計画が裁判所により認可された債務者に対する債権は、全額をⅢ分類とする。

（4）一般更生債権のうち、原則として、更生計画の認可決定等が行われた日から5年以内の返済見込部分はⅡ分類となる。

（5）保証人の資産又は保証能力の確認が未了で保証による回収が不確実な場合は、当該保証により保全されていないものとして、当該部分はⅣ分類となる。

解答：P.137

第62問 (模擬問題)

　非分類とする分類対象外債権に関する次の記述について、誤っている選択肢を一つ選びなさい。

（1）特定の返済財源により1カ月のうちに回収が確実と認められる債権については非分類とする。

（2）要注意先に対する自金融機関の融資シェアに見合う正常な運転資金は、原則として全ての要注意先について非分類とする。

（3）破綻懸念先に対する自金融機関の融資シェアに見合う正常な運転資金は、原則として正常な運転資金として取り扱わない。

（4）協同組織金融機関で、出資金の返戻額により回収を予定している場合の出資金相当額見合いの債権については非分類とする。

（5）預金等に緊急拘束措置が講じられている場合の回収見込額に見合う債権については非分類とする。

解答：P.138

第63問 (模擬問題)

　自己査定における資産の分類の判断における貸出条件の取扱いに関する次の記述について、正しい選択肢を一つ選びなさい。

（1）破綻先に対する債権のうち、金利減免・棚上げ、あるいは、元本の返済猶予など貸出条件の大幅な軽減を行っている債権は、原則としてⅢ分類となる。

（2）実質破綻先に対する債権のうち、金利減免・棚上げ、あるいは、元本の返済猶予など貸出条件の大幅な軽減を行っている債権は、原則としてⅢ分類となる。

（3）破綻懸念先に対する債権のうち、金利減免・棚上げ、あるいは、元本の返済猶予など貸出条件の大幅な軽減を行っている債権は、原則としてⅢ分類となる。

（4）要注意先に対する債権のうち、金利減免・棚上げ、あるいは、元本の返

済猶予など貸出条件の大幅な軽減を行っている債権は、原則としてⅡ分類となる。

（5）要注意先に対する債権のうち、債務者の財務内容等の状況から回収について通常を上回る危険性があると認められる債権は、原則としてⅢ分類となる。

解答：P.139

第64問 （模擬問題）

資産査定に関する次の記述について、正しい選択肢を一つ選びなさい。

（1）資産流動化によって保有している資産は、スキームに内在するリスクを適切に勘案した上で、回収の危険性の度合いに応じて分類する。

（2）他の金融機関の連結対象子会社に対する債権については、原則として自金融機関と同様の方法により資産査定を行い、分類を行う。

（3）自金融機関の連結対象子会社に対する債権は、原則として、全ての資産を時価評価して算出した実質自己資本の状況によって分類を行う。

（4）中小・零細企業向けの事業性貸出金については、全て延滞状況等の簡易な基準により分類を行うことができる。

（5）政府出資法人が出資又は融資している債務者及び地方公共団体が出資又は融資している債務者に対する債権は、分類対象外債権として取り扱う。

解答：P.140

第65問 （模擬問題）

要注意先債権に対する貸倒引当金の設定に関する次の記述の中で、誤っている選択肢を一つ選びなさい。

（1）要管理先に対する債権以外の要注意先債権については、今後1年間の予想損失額を見込むことが認められている。

（2）要管理先に対する債権については、今後3年間の予想損失額を見込むことが認められている。

（3）要管理先以外の要注意先に対する債権については、DCF法によって貸倒引当金を計上することはできない。

（4）前期以前に要管理先又は破綻懸念先としてDCF法により貸倒引当金を算定していた大口債務者が、その他要注意先に上位遷移した場合、原則として経営改善計画等の期間内は、DCF法を適用することが望ましい。

（5）予想損失額の算定に当たっては、少なくとも過去3算定期間の貸倒実績率又は倒産確率の平均値を算出しなければならない。

解答：P.140

第66問
（模擬問題）

以下の自己査定結果及び所定の予想損失率に基づいた貸倒引当金の総額として、正しい選択肢を一つ選びなさい。

	債権残高	非分類	Ⅱ分類	予想損失率
正常先	1,000	1,000	―	0.1%
要注意先	200	50	150	4.0%
要管理先	50	10	40	10.0%

（1）10
（2）11
（3）12
（4）13
（5）14

解答：P.141

第67問
（模擬問題）

債務者区分の判断に関する次の記述について、誤っている選択肢を一つ選びなさい。

（1）財務諸表など計算書類の質の向上への取組み状況については債務者区分の決定においては勘案することはない。

111

（２）中小・零細企業で後継者難であることが判明した場合には債務者区分の見直しを検討する必要がある。

（３）メインバンクのシェアが低下し、資金繰りに懸念がある場合には債務者区分の見直しを検討する必要がある。

（４）経営者の資質に問題がある場合には、債務者区分の見直しを検討する必要がある。

（５）代表者等からの借入金等については、原則として、これらを当該企業の自己資本相当額に加味することができる。

解答：P.142

第68問

（模擬問題）

　中小・零細企業の代表者等の報酬等についての検証方法に関する次の記述について、誤っている選択肢を一つ選びなさい。

（１）代表者等への多額な報酬支払いがある場合には、その削減により赤字が解消するかを確認してみる必要がある。

（２）代表者等への報酬は原則として全額削減できるという前提で査定を行うことができる。

（３）代表者等への報酬を削減することを前提として企業の実態損益計算書を作成する際には、代表者等の収支状況を確定申告書などにより確認する必要がある。

（４）代表者等への多額な家賃等の支払いがある場合には、その削減により赤字が解消するかを確認してみる必要がある。

（５）代表者等の預金や有価証券等の流動資産及び不動産（処分可能見込額）等の固定資産については、返済能力として加味することができる。

解答：P.142

第2章　解答・解説

〔第1問〕

正　解：（5）　　　　　　　　　　　　　　　　　　正答率：75.7%

（1）～（4）破産、清算、会社整理、会社更生、民事再生、手形交換所の取
　　引停止処分等の事由により経営破綻に陥っている債務者は破綻先となる。
　　よって、正しい。

（5）肢の内容は実質破綻先の説明である。よって、誤り。

〔第2問〕

正　解：（4）　　　　　　　　　　　　　　　　　　正答率：70.5%

（1）技術力の検討に当たっては、特許権や実用新案権の存在がなくとも、具
　　体的な製品化や大手企業との技術協力等の実態を確認できるのであれば、
　　債務者の技術力の高さを表す事例の一つと考えることができ、将来の業績
　　に対するプラス材料の一つとなり得ると考えられる（旧金融検査マニュア
　　ル別冊(中小企業融資編)　運用例　（事例6））。よって、正しい。

（2）必ずしも外部の評価を使用する必要はない（旧金融検査マニュアル別冊
　　〔中小企業融資編〕【金融検査マニュアル及び検証ポイント】　2．企業の
　　技術力、販売力、経営者の資質やこれらを踏まえた成長性）。よって、正
　　しい。

（3）技術力については、単に技術力の評価に留まらず、例えば、どの程度の
　　新規受注が見込まれるのか、また、それが今後の収益改善にどのように寄
　　与するかなどといった点を具体的に検討することが必要である（旧金融検
　　査マニュアル別冊(中小企業融資編)　運用例　（事例6））。よって、正し
　　い。

（4）具体的な製品化や大手企業との技術協力等の実態などを示すことでよい
　　（旧金融検査マニュアル別冊(中小企業融資編)　運用例　（事例6））。よっ

て、誤り。

（5）必ずしも外部の専門家による評価が必要ではない（旧金融検査マニュアル別冊(中小企業融資編)　運用例　（事例６））。よって、正しい。

〔第３問〕

正　解：（２）　　　　　　　　　　　　　　　　　　　　正答率：71.8%

（1）代表者等に係る借入金がある場合にはその額を控除する必要があるが、代表者の第三者に対する保証債務の有無についても勘案する必要がある。よって、正しい。

（2）代表者等からの借入金については、原則としてこれらを自己資本相当額に加算することができる。よって、誤り。

（3）代表者等への貸付金や未収金等に限らず、金銭債権の回収不能額は自己資本相当額から控除する必要がある。よって、正しい。

（4）処分可能な資産を加味することができる。よって、正しい。

（5）確定申告書や決算書等の入手や債務者からの聞き取りにより、収支や資金繰りを把握する必要がある。よって、正しい。

〔第４問〕

正　解：（４）　　　　　　　　　　　　　　　　　　　　正答率：72.5%

（1）代表者等の支援の意思の確認については、当該代表者等の確認書、あるいは金融機関の業務日誌等により確認する必要があるが、代表者等が保証人となっている場合には意思確認は不要である。よって、正しい。

（2）例えば、企業が赤字で返済能力がないと認められる場合であっても、代表者等への報酬や家賃等の支払いから赤字となり、金融機関への返済資金を代表者等から調達している場合があるので、赤字の要因や返済状況、返済原資の状況を確認する（旧金融検査マニュアル別冊〔中小企業融資編〕【金融検査マニュアル及び検証ポイント】１．代表者等との一体性　（２）代表者等の役員に対する報酬の支払状況、代表者等の収入状況や資産内容

等）とされている。よって、正しい。

（3）旧金融検査マニュアル別冊に記述のとおりである（〔中小企業融資編〕
【金融検査マニュアル及び検証ポイント】1．代表者等との一体性　（2）
代表者等の役員に対する報酬の支払状況、代表者等の収入状況や資産内容
等）。よって、正しい。

（4）代表者等との一体査定にあたり、経営者による経営者保証の有無により、
一体査定の範囲は決定されない。よって、誤り。

（5）法人の決算は赤字で、返済能力がないと認められる場合であっても、金
融機関への返済資金を代表者等から調達している場合のように、実際に役
員報酬等を削減し黒字化していなくても法人と個人とを一体とみなして査
定することができる場合もある。よって、正しい。

〔第5問〕

正　解：（2）　　　　　　　　　　　　　　　　　　　正答率：58.2%

（1）個別債務者に関し、金利以外の手数料、配当等の収入、担保・保証等に
よる信用リスクの減少、競争上の観点等の当該債務者に対する取引の総合
的な採算を勘案して、当該貸出金に対して基準金利が適用される場合と実
質的に同等の利回りが確保されているかについて判断する必要があり、不
動産担保による信用リスクの減少を加味する必要がある。よって、正しい。

（2）基準金利として理論値を使用するのは、新規貸出約定平均金利がある信
用区分において、著しく高い場合である。よって、誤り。

（3）基準金利は、貸出条件緩和債権の判定の対象となる要注意先の債務者に
ついて、信用リスクを適切に反映した複数の区分を設け、それぞれの区分
に応じた新規貸出約定金利注を貸出金額で加重平均して算出する。よって、
正しい。

（4）貸出条件緩和債権関係Q&Aに記述のとおりである。よって、正しい。

（5）倒産確率（PD）や倒産時損失率（LGD）を用いる場合には、貸倒引
当金の算出等にあたって合理的なPD及びLGDを用いているのであれば、
その算出にあたっての考え方と整合的であることが望ましい。よって、正

しい。

〔第6問〕

正　解：（2）   正答率：67.5%

（1）正常先の場合には貸出条件緩和債権に該当しない。

（2）要注意先で基準金利を確保していないため、貸出条件緩和債権に該当する可能性が高い。よって、本問の正解である。

（3）担保によって全額が保全されている場合には信用リスクコストは(当該設例では)０とみなすことができるため、資金調達コストと経費コストの合計である3.2%を確保していれば該当しない。

（4）基準金利は11.2%（資金調達コスト0.2%、経費コスト3%、信用リスクコスト8%の合計）であり、基準金利を確保しているため貸出条件緩和債権に該当しない。

（5）正常運転資金の範囲内の同額継続であり、正常運転資金見合いの貸出であることから貸出条件緩和債権に該当しない。

〔第7問〕

正　解：（1）   正答率：68.9%

　処分可能見込額　1,050百万円（1,500百万円×70%）から、先順位債権額である300百万円＋200百万円の計500百万円を控除すると残額は550百万円。この額は債権残額の範囲内であるので、550百万円が正解となる。

〔第8問〕

正　解：（4）   正答率：73.7%

（1）優良担保や優良保証によって保全されている額は非分類となる。

（2）破綻懸念先債権についても優良保証・優良担保により保全されている部分は非分類となる。よって、誤り。

（3）破綻先債権についても優良保証・優良担保により保全されている部分は
非分類となる。よって、誤り。

（4）債権の査定に当たっては、原則として、信用格付を行い、信用格付に基
づき債務者区分を行った上で、債権の資金使途等の内容を個別に検討し、
担保や保証等の状況を勘案のうえ、債権の回収の危険性又は価値の毀損の
危険性の度合いに応じて、分類を行う。よって、正しい。

（5）実質破綻先はⅠ分類からⅣ分類に分類する。よって、誤り。

〔第9問〕

正　解：（2）　　　　　　　　　　　　　　　　　　　　　正答率：77.0%

（1）（3）旧金融検査マニュアルに記載のとおりである。よって、正しい。

（2）プロジェクトファイナンスの債権については、見做し債務者区分を付す
が、国内基準適用金融機関では必ずしも信用格付を付さなくてもよい。よ
って、誤り。

（4）（5）旧金融検査マニュアル　信用リスク管理態勢の確認検査用チェック
リストに記載の通りである。よって、正しい。

〔第10問〕

正　解：（5）　　　　　　　　　　　　　　　　　　　　　正答率：53.6%

（1）短期間に黒字化することが見込まれる場合には正常先とすることができ
る。よって、誤り。

（2）正常先とは、業況が良好であり、かつ、財務内容にも特段の問題がない
と認められる債務者をいう。よって、誤り。

（3）延滞が発生していない場合であっても、貸出条件に問題がある場合や貸
出条件緩和を行っているような場合には要注意先になることもある。よっ
て、誤り。

（4）中間決算や月次決算であっても、黒字化の確度が高い場合には、それに
基づいて判断できる。よって、誤り。

（5）旧金融検査マニュアルの記載のとおりである。よって、正しい。

〔第11問〕

正　解：（3）　　　　　　　　　　　　　　　　　　　　正答率：51.0%

（1）一部の取引金融機関について経営改善計画等への合意が得られない場合
　　で、今後、経営破綻に陥る可能性が確実と認められる債務者は実質破綻先
　　として差し支えないとされている。よって、誤り。
（2）特定調停の申し立てがあったことのみをもって破綻先とはしない。よっ
　　て、誤り。
（3）会社更生法、民事再生法等の規定による更生計画等の認可決定が行われ
　　た債務者については、破綻懸念先と判断して差し支えない。よって、正し
　　い。
（4）法的・形式的な経営破綻の事実は発生していないものの、深刻な経営難
　　の状態の場合、実質破綻先となる可能性が高い。よって、誤り。
（5）破綻先の定義である。よって、誤り。

〔第12問〕

正　解：（5）　　　　　　　　　　　　　　　　　　　　正答率：36.2%

（1）～（4）は旧金融検査マニュアルにおける債務者区分の判断に際して勘
　　案する事項として記載されている。
（5）は分類の判断に際して勘案するものであり、債務者区分の判断に際して
　　勘案するものではない。よって、（5）は誤り。

〔第13問〕

正　解：（3）　　　　　　　　　　　　　　　　　　　　正答率：42.4%

正常先　　　　　10,000×1%＝100
要注意先①　　　3,000×4%＝120

要注意先②　2,000×5%＝100
要管理先　　50×10%＝5
破綻懸念先　Ⅲ分類30×40%＝12

合計は337
よって、（3）が正しい。

〔第14問〕

正　解：（3）　　　　　　　　　　　　　　　正答率：7.0%

「貸出金に準ずる債権」として、貸付有価証券、外国為替、未収利息、未収金、貸出金に準ずる仮払金、支払承諾見返が列挙されている。よって（3）が誤り。

〔第15問〕

正　解：（2）　　　　　　　　　　　　　　　正答率：73.9%

（1）（3）（4）（5）旧金融検査マニュアルに記載のとおりである。よって、正しい。
（2）国内基準適用金融機関では必ずしも信用格付を付さなくてもよい。よって、誤り。

〔第16問〕

正　解：（5）　　　　　　　　　　　　　　　正答率：87.7%

（1）与信管理部門や、内部監査部門が検証可能な態勢を整備する必要がある。よって、正しい。
（2）旧金融検査マニュアルに記載のとおりである。よって、正しい。
（3）信用リスク管理態勢の確認検査用チェックリストに記載のとおりである。よって、正しい。
（4）信用リスク管理態勢の確認検査用チェックリストに記載のとおりである。

よって、正しい。

（5）一般貸倒引当金については、原則として信用格付の区分、少なくとも債務者区分の債権額に予想損失率を乗じて予想損失額を算定し、予想損失額に相当する額を貸倒引当金として計上する。よって、誤り。

〔第17問〕

正　解：（2）　　　　　　　　　　　　　　　　　正答率：54.3%

（1）旧金融検査マニュアルに記載のとおりである。よって、正しい。

（2）手形交換所において取引停止処分になった債務者は破綻先となる。よって、誤り。

（3）会社更生法の適用申請を行った債務者は破綻先となる。よって、正しい。

（4）記述のとおりである。よって、正しい。

（5）旧金融検査マニュアルにおける破綻先の定義どおりである。よって、正しい。

〔第18問〕

正　解：（5）　　　　　　　　　　　　　　　　　正答率：64.5%

（1）～（4）旧金融検査マニュアルにおける要注意先の定義のとおりである。よって、正しい。

（5）要注意先である債務者のうち要管理先とは、当該債務者に対する債権の全部又は一部が要管理債権である債務者であり、一部でも要管理債権となっている場合は要管理先となる。よって、誤り。

〔第19問〕

正　解：（3）　　　　　　　　　　　　　　　　　正答率：55.4%

（1）旧金融検査マニュアルに記載のとおりである。よって、正しい。

（2）旧金融検査マニュアルにおける破綻懸念先の定義のとおりである。よっ

て、正しい。

（3）実質債務超過であることのみをもって破綻懸念先とすることはない。よって、誤り。

（4）旧金融検査マニュアルの自己査定（別表1）に記載の定義どおりである。よって、正しい。

（5）会社更生法等による更生計画等が認可され、概ね5年以内に正常先となる計画の債務者については要注意先とすることができる。よって、正しい。

〔第20問〕

正　解：（4）　　　　　　　　　　　　　　　正答率：46.2%

（1）（2）（3）（5）旧金融検査マニュアルに記載のとおりである。正しい。

（4）特定の返済財源により近く入金が確実な場合とは概ね1カ月以内に貸出金が回収される場合である。よって、誤り。

〔第21問〕

正　解：（3）　　　　　　　　　　　　　　　正答率：70.5%

（1）（2）（4）（5）旧金融検査マニュアルに記載のとおりである。正しい。

（3）満期返戻金のある保険・共済については基準日時点の解約受取額を優良担保による保全額とすることができる。よって、誤り。

〔第22問〕

正　解：（5）　　　　　　　　　　　　　　　正答率：18.8%

正常先債権は全額非分類となる。
よって、500百万円が非分類額となる。

〔第23問〕

正　解：（2）　　　　　　　　　　　　　　　　　　　　　　正答率：65.8%

非分類　40　・・・預金担保　10、決済確実な割引手形　30（=40-10）

Ⅱ分類　80　・・・不動産担保の処分可能見込額　（100×80%）

Ⅲ分類　20　・・・不動産担保の評価額と処分可能見込額の差

Ⅳ分類　60　・・・残額

償却・引当額　80・・・Ⅲ分類額＋Ⅳ分類額

〔第24問〕

正　解：（1）　　　　　　　　　　　　　　　　　　　　　　正答率：63.7%

（1）実質破綻先に関しては未収利息を資産計上することができない。よって、誤り。

（2）債務者区分は債務者ごとに付すため、原則としてその計上の元となっている元本の債務者区分と同じ債務者区分を付す。よって、正しい。

（3）旧金融検査マニュアルに記載のとおりである。よって、正しい。なお、元金又は利息について実質的に6カ月以上延滞しており、一過性の延滞とは認められない債務者は通常実質破綻先となる。

（4）未収利息が原則として資産不計上となるのは、破綻懸念先、実質破綻先及び破綻先の債務者である。よって、正しい。

（5）破綻懸念先であっても、保全状況等による回収の可能性を勘案して、未収利息を資産計上することは可能である。よって、正しい。

〔第25問〕

正　解：（1）　　　　　　　　　　　　　　　　　　　　　　正答率：67.6%

（1）旧金融検査マニュアルに記載のとおりである。よって、正しい。

（2）原則として通常の債権と同様に分類する。よって、誤り。

（3）原則として通常の債権と同様に分類する。よって、誤り。

（4）原則として通常の債権と同様に分類する。よって、誤り。なお、決算書の入手・分析が困難であるような債務者への貸出は、与信管理上問題であるといえる。

（5）原則として通常の債権と同様に分類する。よって、誤り。

〔第26問〕

正　解：（3）　　　　　　　　　　　　　　　　　正答率：69.7%

（1）個人向け定型ローンについては延滞状況等の簡易な基準により分類を行うことができるが、全額非分類とはできない。よって、誤り。

（2）個人向け定型ローンについては延滞状況等の簡易な基準により分類を行うことができるが、全額Ⅱ分類とはできない。よって、誤り。

（3）記述のとおりである。よって、正しい。

（4）個人向け定型ローンについては、延滞状況等の簡易な基準により分類を行うことができる。よって、誤り。

（5）個人向け定型ローンについては、延滞状況等の簡易な基準により分類を行うことができる。よって、誤り。

〔第27問〕

正　解：（4）　　　　　　　　　　　　　　　　　正答率：68.1%

（1）資産流動化によって保有している債権は、スキームに内在するリスクを適切に勘案した上で、回収の危険性の度合いに応じて分類する必要がある。よって、誤り。

（2）資産流動化によって保有している債権は、スキームに内在するリスクを適切に勘案した上で、回収の危険性の度合いに応じて分類する必要がある。よって、誤り。

（3）回収の危険性の度合いに応じて、見做し債務者区分を付して分類を行うのは、プロジェクトファイナンスの債権である。よって、誤り。

（4）旧金融検査マニュアルに記載のとおりである。よって、正しい。

（5）資産流動化によって保有している債権は、スキームに内在するリスクを適切に勘案した上で、回収の危険性の度合いに応じて分類する必要がある。よって、誤り。

〔第28問〕

正　解：（5）　　　　　　　　　　　　　　　　　　　　正答率：62.7%

（1）全債務者を自己査定の対象とする必要はない。よって、正しい。

（2）随時に査定することも認められている。よって、正しい。

（3）営業店及び本部営業部門において第一次の査定を実施し、本部貸出承認部門において第二次の査定を実施した上で、営業関連部門から独立した部門がその適切性の検証を行う方法のほか、記述の方法も認められる。よって、正しい。

（4）例えば、正常先のうち赤字計上先、要注意先のうち債務超過先等は、債務者区分の判断により慎重な判断が求められる。よって、正しい。

（5）通常、貸出関連資産に含まれる資産項目毎に抽出基準を設定せず、共通の抽出基準を設定する。よって、誤り。

〔第29問〕

正　解：（1）　　　　　　　　　　　　　　　　　　　　正答率：59.1%

（1）信用格付は債務者区分と整合的でなければならないが、資産分類と整合的であるわけではない。よって、誤り。

（2）旧金融検査マニュアルに記載のとおりである。よって、正しい。

（3）信用リスク管理態勢の確認検査用チェックリストに記載の通りである。よって、正しい。

（4）信用リスク管理態勢の確認検査用チェックリストに記載の通りである。よって、正しい。

（5）信用リスク管理態勢の確認検査用チェックリストに記載の通りである。よって、正しい。

〔第30問〕

正　解：（3）　　　　　　　　　　　　　　　　　　正答率：66.9%

（1）旧金融検査マニュアルの自己査定（別表1）に記載のとおりである。よって、正しい。

（2）信用リスク管理態勢の確認検査用チェックリストに記載の通りである。よって、正しい。

（3）一般貸倒引当金については、原則として信用格付の区分、少なくとも債務者区分の債権額に予想損失率を乗じて予想損失額を算定し、予想損失額に相当する額を貸倒引当金として計上する。よって、誤り。

（4）旧金融検査マニュアルの自己査定（別表1）に記載のとおりである。よって、正しい。

（5）旧金融検査マニュアルの自己査定（別表1）に記載のとおりである。よって、正しい。

〔第31問〕

正　解：（4）　　　　　　　　　　　　　　　　　　正答率：91.3%

（1）実質的に長期間延滞している場合には実質破綻先（場合により破綻懸念先）となる可能性が高い。よって、誤り。

（2）返済能力について特に問題がないと認められる債務者は正常先とすることができる。よって、誤り。

（3）延滞が発生していない場合であっても、貸出条件に問題があったり、貸出条件緩和を行っているような場合には要注意先になる場合もある。よって、誤り。

（4）旧金融検査マニュアルの自己査定（別表1）に記載の定義どおりである。よって、正しい。

（5）要管理先である債務者とは、要注意先の債務者のうち、当該債務者の債権の全部又は一部が要管理債権である債務者であり、一部でも要管理債権となっている場合は要管理先となる。よって、誤り。

〔第32問〕

正　解：（1）　　　　　　　　　　　　　　　　　正答率：63.0%

（1）実質破綻先の定義である。よって、正しい。

（2）更生計画等の認可決定が行われた債務者は実質破綻先にはせず、破綻先のままか、破綻懸念先とすることができる。よって、誤り。

（3）更生計画等の認可決定が行われた債務者は破綻先のままか、破綻懸念先とすることができる。よって、誤り。

（4）破綻懸念先の定義である。よって、誤り。

（5）手形交換所において取引停止処分になった債務者は破綻先となる。よって、誤り。

〔第33問〕

正　解：（4）　　　　　　　　　　　　　　　　　正答率：41.5%

（1）（2）（3）（5）旧金融検査マニュアルに記載のとおりである。よって、正しい。

（4）要管理先に対する債権については、今後3年間の予想損失額を見込むことが認められている。よって、誤り。

〔第34問〕

正　解：（3）　　　　　　　　　　　　　　　　　正答率：79.8%

×1期　　24/20000＝0.12%

×2期　　16/20000＝0.08%

×3期　　24/24000＝0.10%

（0.12＋0.08＋0.10）/3＝0.10%

〔第35問〕

正　解：（4）　　　　　　　　　　　　　　　　　　正答率：35.7%

（1）（2）（3）（5）旧金融検査マニュアルに記載のとおりである。よって、
　　正しい。
（4）実質破綻先となった先の損失も含める必要がある。よって、誤り。

〔第36問〕

正　解：（4）　　　　　　　　　　　　　　　　　　正答率：35.4%

非分類額　300百万円
決済確実な割引手形　100百万円＋保証協会貸出100百万円＋預金担保100百万円
※正常運転資金を非分類にしないこと。

Ⅱ分類額　110百万円
不動産処分可能見込額210百万円（300百万円×70%）－先順位債権額100百万円

Ⅲ分類額　590百万円
　　与信総額　1000百万円－（非分類300百万円＋Ⅱ分類額　110百万円）

Ⅳ分類額　　0百万円

〔第37問〕

正　解：（3）　　　　　　　　　　　　　　　　　　正答率：63.3%

（1）償還能力は自己査定だけでなく、融資実行時の審査においても重要なチ
　　ェックポイントである。よって、正しい。
（2）不動産販売業の場合、通常プロジェクトからの資金回収による返済を行
　　う。よって、正しい。
（3）返済能力は原則として営業キャッシュ・フローでの判断が必要である。

よって、誤り。

（4）不動産賃貸業の場合、運転資金や通常の設備資金と比べ、貸出期間が長期となる場合がある。よって、正しい。

（5）当局からの目安は示されていない。よって、正しい。

〔第38問〕

正　解：（3）　　　　　　　　　　　　　　　　　　　　　　　正答率：51.2%

（売上債権900＋棚卸資産1,400）－（買掛金600＋支払手形400）＝1,300

1,300×60％＝780

〔第39問〕

正　解：（3）　　　　　　　　　　　　　　　　　　　　　　　正答率：71.7%

（1）記述のとおりである。正しい。

（2）正常先債権は全額Ⅰ分類となる。よって、正しい。

（3）破綻先は原則として、Ⅰ分類、Ⅱ分類、Ⅲ分類またはⅣ分類額に分類する。よって、誤り。

（4）破綻懸念先債権はⅠ分類、Ⅱ分類またはⅢ分類となる。よって、正しい。

（5）実質破綻先はⅠ分類からⅣ分類に分類する。よって、正しい。

〔第40問〕

正　解：（4）　　　　　　　　　　　　　　　　　　　　　　　正答率：51.4%

（1）（2）（3）（5）旧金融検査マニュアルにおける定義のとおりである。よって、正しい。

（4）金融機関にとって損失額の推計が全く不可能とするものではなく、個々の資産の状況に精通している金融機関自らのルールと判断により損失額を見積もることが適当とされるものである。よって、誤り。

〔第41問〕

正　解：（3）　　　　　　　　　　　　　　　正答率：53.3%

（1）債務者区分は債務者ごとに付すため、原則としてその計上の元となっている元本の債務者区分と同じ債務者区分を付す。よって、誤り。

（2）要管理先については未収利息不計上とはされていない。よって、誤り。

（3）正しい。ただし、破綻懸念先に対する債権については、保全状況等による回収の可能性を勘案し、未収利息を資産計上できる場合がある。

（4）実質破綻先及び破綻先に関しては未収利息を資産計上することができない。よって、誤り。

（5）契約に基づく利息の支払であることが明確であれば、利息部分は利息の入金として処理し、そうでない部分は元本の入金として処理する。よって、誤り。

〔第42問〕

正　解：（4）　　　　　　　　　　　　　　　正答率：59.8%

（1）旧金融検査マニュアルに記載のとおりである。よって、正しい。

（2）旧金融検査マニュアルに記載のとおりである。よって、正しい。

（3）旧金融検査マニュアルFAQに記載のとおりである。よって、正しい。

（4）LTVが低いほど、価格変動に対する対応力が高く、損失の発生する可能性は低いとされている。よって、誤り。

（5）旧金融検査マニュアルFAQに記載のとおりである。よって、正しい。

〔第43問〕

正　解：（1）　　　　　　　　　　　　　　　正答率：54.0%

（1）地方公共団体が出資している債務者は原則として一般事業法人と同様の方法で分類する。よって、誤り。

（2）～（5）旧金融検査マニュアルに記載のとおりである。よって、正しい。

〔第44問〕

正　解：（4）　　　　　　　　　　　　　　　　　　　　正答率：21.4%

（1）実質破綻先はⅠ分類からⅣ分類に分類する。よって、誤り。

（2）Ⅰ分類は、「Ⅱ分類、Ⅲ分類及びⅣ分類としない資産」であり、回収の危険性又は価値の毀損の危険性について、問題のない資産である。よって、誤り。

（3）Ⅱ分類については、一般担保・保証で保全されているものと保全されていないものがある。よって、誤り。

（4）旧金融検査マニュアルに記載のとおりである。よって、正しい。

（5）Ⅳ分類については、その資産が絶対的に回収不可能又は無価値であるとするものではなく、また、将来において部分的な回収があり得るとしても、基本的に、査定基準日において回収不可能又は無価値と判定できる資産である。よって、誤り。

〔第45問〕

正　解：（3）　　　　　　　　　　　　　　　　　　　　正答率：83.2%

（1）経営改善計画等の進捗状況や今後の見通しを検討する際には、バランス・シート面についての検討も重要であるが、キャッシュ・フローの見通しをより重視することが適当である。よって、誤り。

（2）必ずしも外部の専門家による評価が必要ではない。よって、誤り。

（3）技術力については、単に技術力の評価に留まらず、例えば、どの程度の新規受注が見込まれるのか、また、それが今後の収益改善にどのように寄与するかなどといった点を具体的に検討することが必要である。よって、正しい。

（4）特許権や実用新案権がなくとも新商品・サービスの開発や販売状況を踏まえた今後の事業計画書等や取扱い商品・サービスの業界内での評判等を示すマスコミ記事等、具体的な製品化や大手企業との技術協力等の実態などを示すことでよい。よって、誤り。

（5）具体的な製品化や大手企業との技術協力等の実態などを示すことでよい。よって、誤り。

〔第46問〕

正　解：（2）　　　　　　　　　　　　　　　　正答率：84.8%

（1）会計監査人を設置している場合、決算書類の信頼性は高いと判断できる。よって、正しい。

（2）設置義務がある会社（上場会社、会社法上の大会社）のみでいい。よって、誤り。

（3）通常、割り引かれる手形は販売先からの受取手形であり、仕入先から手形を受取ることはない。よって、正しい。

（4）可能な範囲で会計監査人の交代の理由を把握するよう努めることが重要である。よって、正しい。

（5）他行が債務者に対するネガティブな情報を把握している場合もあるため、留意が必要となる。よって、正しい。

〔第47問〕

正　解：（2）　　　　　　　　　　　　　　　　正答率：21.6%

（1）債務者区分は、債務者の実態的な財務内容、資金繰り、収益力等により、その返済能力を検討し、債務者に対する貸出条件及びその履行状況を確認の上、業種等の特性を踏まえ、事業の継続性と収益性の見通し、キャッシュ・フローによる債務償還能力、経営改善計画等の妥当性、金融機関等の支援状況等を総合的に勘案し判断するものである。キャッシュ・フローによる債務償還能力によってのみ判断されるものではない。よって、誤り。

（2）当局からの目安は示されていない。よって、正しい。

（3）返済能力は原則として営業キャッシュ・フローでの判断が必要である。よって、誤り。

（4）自己査定においても主要なチェックポイントである。よって、誤り。

（5）例えば業績が悪化傾向にある場合、直近期のキャッシュ・フローを重視する方が望ましいと考えられる場合もある。よって、誤り。

〔第48問〕

正　解：（3）　　　　　　　　　　　　　　　　　　　正答率：72.5%

（1）正常先である債務者に対する貸出金は貸出条件緩和債権に該当しない。よって、誤り。

（2）正常先である時に実行された貸出金はその後に更改がなければ、原則として貸出条件緩和債権に該当しない。よって、誤り。

（3）要注意先である債務者から金利引下げの要請があり、貸出金の全額について担保による保全を確保した上で金利を3％まで引き下げた債権は基準金利を確保しているため貸出条件緩和債権に該当しない。よって、正しい。

（4）正常運転資金の範囲内で同額、かつ、同金利（4％）で継続した場合、当該債権は貸出条件緩和債権に該当しない。よって、誤り。

（5）債権の一部について担保による保全を確保して、金利は2％でこれに応じた場合、基準金利を確保していないため貸出条件緩和債権に該当する。よって、誤り。

〔第49問〕

正　解：（5）　　　　　　　　　　　　　　　　　　　正答率：72.2%

（1）～（4）旧金融検査マニュアルに記載のとおりである。よって、正しい。

（5）要管理先である債務者とは、要注意先の債務者のうち、当該債務者の債権の全部又は一部が要管理債権である債務者である。よって、誤り。

〔第50問〕

正　解：（1）　　　　　　　　　　　　　　　　　　　正答率：80.9%

（1）旧金融検査マニュアルに記述のとおりである。正しい。

（2）優良担保や優良保証によって保全されている額は非分類となる。

（3）破綻懸念先債権についても優良保証・優良担保により保全されている部分は非分類となる。よって、誤り。

（4）実質破綻先債権についても優良保証・優良担保により保全されている部分は非分類となる。よって、誤り。

（5）破綻先債権についても優良保証・優良担保により保全されている部分は非分類となる。よって、誤り。

〔第51問〕

正　解：（4）　　　　　　　　　　　　　　　　正答率：86.4%

　債権の査定に当たっては、原則として、（**A：信用格付**）を行い、（**A：信用格付**）に基づき（**B：債務者区分**）の判定を行ったうえで、債権の資金使途等の内容を個別に検討し、（**C：担保や保証**）等の状況を勘案のうえ、債権の回収の危険性又は価値の毀損の危険性の度合いに応じて、（**D：分類**）を行う。

〔第52問〕

正　解：（2）　　　　　　　　　　　　　　　　正答率：35.3%

（1）（3）（4）（5）旧金融検査マニュアルに記載のとおりである。よって、正しい。

（2）Ⅱ分類額が増加しても、債権残高は不変であれば貸倒引当金は増減しない。よって、誤り。

〔第53問〕

正　解：（4）　　　　　　　　　　　　　　　　正答率：34.8%

（1）（2）（3）（5）旧金融検査マニュアルに記載のとおりである。よって、正しい。

（4）一定金額以下の破綻懸念先に対する債権について、グループ毎に同一の

予想損失率を適用し、予想損失額を算定する方法も認められている。

〔第54問〕

正　解：（1）　　　　　　　　　　　　　　　　　　正答率：31.8%

（1）旧金融検査マニュアルに記載のとおりである。よって、正しい。

（2）「十分な資本的性質が認められる借入金」に対する貸倒引当金の算定方法については、日本公認会計士協会業種別委員会実務指針第32号「資本的劣後ローン等に対する貸倒見積高の算定及び銀行等金融機関が保有する貸出債権を資本的劣後ローン等に転換した場合の会計処理に関する監査上の取扱い」を参照するが、劣後性を有する資本性適格貸出金の回収可能見込額をゼロとみなして貸倒見積高を算定する方法の他、原則法や簡便法によることもできる。よって、誤り。

（3）債権者の意思により、期限前回収が可能な契約が付されている借入金については、基本的には、「長期間償還不要な状態」であるとは認められないことから、「十分な資本的性質が認められる借入金」とみなすことはできない。よって、誤り。

（4）結果として全額Ⅳ分類となることはありうるが、必ず全額をⅣ分類としなければならないわけではない。よって、誤り。

（5）延滞基準による分類規程はない。よって、誤り。

〔第55問〕

正　解：（3）　　　　　　　　　　　　　　　　　　正答率：79.8%

資産－負債

＝（1100－100）－（1200－300）

＝1000－900

＝100

〔第56問〕

正　解：（4）　　　　　　　　　　　　　　　　　正答率：61.2％

処分可能見込額5,000万円×70％＝3,500万円

3,500万円－優先租税1,300万円－Ｂ銀行の取り分1,000万円＝1,200万円

Ａ銀行の債権残高1,500万円＞1,200万円＞Ａ銀行の極度額1,000万円

よって、Ａ銀行の取り分＝1,000万円

〔第57問〕

正　解：（5）　　　　　　　　　　　　　　　　　（模擬問題）

　　正常先とは、業況が良好であり、かつ、財務内容にも特段の問題がないと認められる債務者をいう。また、要注意先とは、金利減免・棚上げを行っているなど貸出条件に問題のある債務者、元本返済若しくは利息支払いが事実上延滞しているなど履行状況に問題がある債務者のほか、業況が低調ないしは不安定な債務者又は財務内容に問題がある債務者など今後の管理に注意を要する債務者をいう。よって、（1）〜（4）は正しい。

　　（5）は黒字化する期間は概ね5年以内となっている必要がある。よって、誤り。

〔第58問〕

正　解：（3）　　　　　　　　　　　　　　　　　（模擬問題）

　　「破綻懸念先」とは、現状、経営破綻の状況にはないが、経営難の状態にあり、経営改善計画等の進捗状況が芳しくなく、今後、経営破綻に陥る可能性が大きいと認められる債務者（金融機関等の支援継続中の債務者を含む）をいう。具体的には、現状、事業を継続しているが、実質債務超過の状態に陥っており、業況が著しく低調で貸出金が延滞状態にあるなど元本及び利息の最終の回収について重大な懸念があり、従って損失の発生の可能性が高い状況で、今後、経

営破綻に陥る可能性が大きいと認められる債務者をいう。

　上記により、（1）（2）（4）（5）は正しい。

　実質的に大幅な債務超過に相当期間陥っているのは「実質破綻先」の特徴である。よって、（3）は誤り。

〔第59問〕

正　解：（1）　　　　　　　　　　　　　　　　　　　　　　　　（模擬問題）

（1）破綻先のままか、破綻懸念先とすることができる。よって、誤り。

（2）正しい。再建の見通しがないのは、「実質破綻先」の特徴である。

（3）正しい。「実質破綻先」とは、法的・形式的な経営破綻の事実は発生していないものの、深刻な経営難の状態にあり、再建の見通しがない状況にあると認められるなど実質的に経営破綻に陥っている債務者をいう。

（4）正しい。「実質破綻先」の特徴として、元金又は利息について実質的に長期間延滞していることが挙げられるが、「実質的に長期間延滞している」とは、原則として実質的に6カ月以上延滞しており、一過性の延滞とは認められないものをいう。

（5）正しい。旧（別表1）1.（3）④参照。

〔第60問〕

正　解：（3）　　　　　　　　　　　　　　　　　　　　　　　　（模擬問題）

（1）自己査定においては、債務者区分と保全の状況に応じて資産をⅠ、Ⅱ、Ⅲ、Ⅳの4段階に分類する。よって、正しい。

（2）債権分類は回収または価値の毀損の危険性の度合に基づいて4区分に分類される。その内Ⅰ分類は回収の危険性または価値の毀損の危険性について問題のない資産である。通常の度合を超える回収の危険性がある資産は、危険度合に応じてⅡ、Ⅲ、Ⅳに分類される。よって、正しい。

（3）Ⅱ分類については、一般担保・保証で保全されているものと保全されていないものがある。よって、誤り。

（4）Ⅲ分類とするものは、最終の回収又は価値について重大な懸念が存し、従って損失の発生の可能性が高いが、その損失額について合理的な推計が困難な資産である。また、金融機関にとって損失額の推計が全く不可能とするものではなく、個々の資産の状況に精通している金融機関自らのルールと判断により損失額を見積もることが適当とされるものである。具体的には、破綻懸念先に対する債権の内、Ⅰ・Ⅱ分類以外の債権、実質破綻先及び破綻先に対する債権の内、優良担保及び一般担保の担保評価額と処分可能見込額との差額である。よって、正しい。

（5）Ⅳ分類とするものは、その資産が絶対的に回収不可能または無価値であるとするものではなく、将来において部分的に回収があり得るとしても、基本的に、査定基準日において「回収不可能又は無価値と判定される資産」である。よって、正しい。

〔第61問〕

正　解：（3）　　　　　　　　　　　　　　　　　　　（模擬問題）

　破綻先に対する債権については、優良担保の処分可能見込額及び優良保証等により保全されている債権以外の全ての債権を分類することとし、一般担保の処分可能見込額及び一般保証による回収が可能と認められる部分、清算配当等により回収が可能と認められる部分をⅡ分類、優良担保及び一般担保の担保評価額と処分可能見込額との差額をⅢ分類、これ以外の回収の見込がない部分をⅣ分類とする。

　「保証により回収が可能と認められる部分」とは、保証人の資産又は保証能力を勘案すれば回収が確実と見込まれる部分であり、保証人の資産又は保証能力の確認が未了で保証による回収が不確実な場合は、当該保証により保全されていないものとして、当該部分をⅣ分類とする。

　「清算配当等により回収が可能と認められる部分」とは、①清算人等から清算配当等の通知があった場合の清算配当等の通知があった日から5年以内の返済見込部分、②被検査金融機関が当該会社の他の債権者に対する担保提供の状況が明確に把握できるなど、債務者の資産内容の正確な把握及び当該債務者の

清算貸借対照表の作成が可能な場合で、清算配当等の見積りが合理的であり、かつ、回収が確実と見込まれる部分である。

　また、会社更生法等の規定による更生手続開始の申立て、民事再生法の規定による再生手続開始の申立て、破産法の規定による破産の申立て、会社法の規定による整理開始又は特別清算開始の申立て等が行われた債務者については、原則として以下のとおり分類する。

（イ）更生担保権は原則としてⅡ分類とする。

（ロ）一般更生債権のうち、原則として更生計画の認可決定等が行われた日から5年以内の返済見込部分はⅡ分類とし、5年超の返済見込部分はⅣ分類とする。

（ハ）切捨債権はⅣ分類とする。

　なお、更生計画等の認可決定後、当該債務者の債務者区分及び分類の見直しを行っている場合は、回収の危険性の度合いに応じて分類する。

よって、（1）（2）（4）（5）は正しい。

（3）民事再生法の規定による再生計画が裁判所により認可された債務者に対する債権は、危険性の度合いを踏まえて分類することができる。よって、誤り。

〔第62問〕

正　解：（2）　　　　　　　　　　　　　　　　　　　　　　（模擬問題）

（1）特定の返済財源により短時日のうちに回収が確実と認められる債権は分類対象外とでき、概ね1カ月以内に貸出金が回収されることが関係書類で確認できる場合を言う。よって、正しい。

（2）自己査定上は全ての要注意先に対して正常な運転資金が認められるものではなく、債務者の状況等により個別に判断する必要がある。よって、誤り。

（3）債務者区分が破綻懸念先、実質破綻先及び破綻先に対する運転資金は、自己査定上は正常な運転資金として取り扱わない。よって、正しい。なお、破綻懸念先に対する運転資金であっても、特定の返済財源による返済資金

が確実に自行（庫・組）の預貯金口座に入金され、回収が可能と見込まれる債権については、回収の危険性の度合いに応じて判断する。

（4）協同組織金融機関の融資は原則として出資者である会員もしくは組合員に対して行われる。この出資者の脱退または除名により、出資金の返戻額により債権の回収を予定している場合には、その出資金相当額に見合う債権を分類対象外債権とできる。よって、正しい。

（5）預金等は通常担保設定がされている場合に分類対象外債権となるが、預金等に緊急拘束措置が講じられている場合でも回収見込額に見合う債権については分類対象外債権とする。よって、正しい。

〔第63問〕

正　解：（4）　　　　　　　　　　　　　　　　　　　　　（模擬問題）

（1）破綻先に対する債権のうちⅢ分類となるのは、主に担保の評価額と処分可能見込額の差額であり、貸出条件による分類は行わない。よって、誤り。

（2）実質破綻先に対する債権のうちⅢ分類となるのは、主に担保の評価額と処分可能見込額の差額であり、貸出条件による分類は行わない。よって、誤り。

（3）破綻懸念先に対する債権のうちⅢ分類となるのは、主に担保または保証により保全されていない債権であり、貸出条件による分類は行わない。よって、誤り。

（4）正しい。要注意先に対する債権について、金利減免・棚上げ、あるいは、元本の返済猶予など貸出条件の大幅な軽減を行っている債権、極端に長期の返済契約がなされているもの等、貸出条件に問題のある債権は、原則としてⅡ分類とする。

（5）要注意先に対する債権のうち、債務者の財務内容等の状況から回収について通常を上回る危険性があると認められる債権は、原則としてⅡ分類となる。よって、誤り。なお、要注意先からⅢ分類は発生しない。

〔第64問〕

正　解：（1）　　　　　　　　　　　　　　　　　　　　　　　　　　　　（模擬問題）

（1）正しい。原資産が貸出金である資産流動化商品や不良債権をバルクセールで購入した場合の貸出金や、それを匿名組合などの出資金で保有している場合にも査定は必要となるが、この点について金融検査マニュアルは、当該スキームに内在するリスクを適切に勘案した上で、回収の危険性の度合いに応じて分類を行うとしている。

（2）他の金融機関の連結対象子会社に対する債権については一般事業法人に対する債権と同様の方法により分類を行う。よって、誤り。

（3）自金融機関の連結対象子会社の資産については、原則として自金融機関と同様の方法により資産査定を行い、連結対象子会社の財務状況等を的確に把握した上で、債務者区分を行い、分類を行う。よって、誤り。

（4）中小事業者向けの小口定型ローン等の貸出金については、延滞状況等の簡易な基準により分類を行うことができるが、事業性貸出金全般に簡易査定が認められるわけではない。よって、誤り。

（5）政府出資法人が出資又は融資している債務者及び地方公共団体が出資又は融資している債務者に対する債権は、分類対象外債権として取り扱わず、原則として一般事業法人に対する債権と同様の方法により分類する。よって、誤り。

〔第65問〕

正　解：（3）　　　　　　　　　　　　　　　　　　　　　　　　　　　　（模擬問題）

（1）要注意先に対する債権に係る貸倒引当金については、貸倒実績率又は倒産確率に基づく方法を用いる場合、債権の平均残存期間に対応する今後の一定期間における予想損失額を見積ることが基本である。ただし、要注意先に対する債権を信用リスクの程度に応じて区分し、当該区分毎に合理的と認められる今後の一定期間における予想損失額を見積っていれば妥当なものと認められる。具体的には要管理先以外の要注意先に対する債権につ

いては、平均残存期間又は今後１年間の予想損失額を見積っている場合は、通常、妥当なものと認められている。よって、正しい。

（２）要管理先に対する債権については、平均残存期間又は今後３年間の予想損失額を見積っている場合は、通常、妥当なものと認められている。よって、正しい。

（３）元本及び利息の受取に係るキャッシュ・フローを合理的に見積ることができる債権については適用できる。よって、誤り。

（４）前期以前に要管理先又は破綻懸念先としてDCF法又は個別的な残存期間を算定する方法により貸倒引当金を算定していた大口債務者が、その他要注意先に上位遷移した場合、通常のその他要注意先に対する債権より回収の危険性が高いことが想定されるため、原則として経営改善計画等の期間内は、DCF法又は要管理先に対する債権に係る貸倒引当金の算定方法（平均残存期間に対応する今後の一定期間における予想損失額又は今後３年間の予想損失額を見積る方法）を適用することが望ましい。よって、正しい。

（５）要注意先の予想損失額の算定に当たっては、少なくとも過去３算定期間の貸倒実績率又は倒産確率の平均値に基づき、過去の損失率の実績を算出し、これに将来の損失発生見込に係る必要な修正を行い、予想損失率を求めなければならない。よって、正しい。

〔第66問〕

正　解：（５）　　　　　　　　　　　　　　　　　　　　　　（模擬問題）

正常先　1,000×0.1%　　　　　　＝１
要注意先　200×4%　　　　　　　＝８
要管理先　50×10%　　　　　　　＝５
　　　　　　　　　　　　　　　　計14

〔第67問〕

正　解：（1）　　　　　　　　　　　　　　　　　　　　　　　　　（模擬問題）

（1）特に中小・零細企業の査定においては財務諸表など計算書類の質の向上への取組み状況を勘案する。よって、誤り。

（2）後継者の有無、資質は重要なポイントである。よって、正しい。

（3）他行動向を含めた資金繰りの状況は重要なポイントである。よって、正しい。

（4）経営者の資質は重要なポイントである。よって、正しい。

（5）代表者等が返済を要求することが明らかとなっている場合以外は、代表者等からの借入金等を当該企業の自己資本相当額に加味することができる。よって、正しい。

〔第68問〕

正　解：（2）　　　　　　　　　　　　　　　　　　　　　　　　　（模擬問題）

（1）代表者等への多額な報酬支払いがある場合には、金融機関への返済資金を代表者等から調達している場合があるので、赤字の要因や返済状況、代表者等への報酬の削減により赤字が解消するかを確認してみる必要がある。よって、正しい。

（2）代表者への報酬や家賃支払削減を前提として、企業の実態損益を計算するためには、代表者がその報酬等を削減されても個人債務の返済や生活に支障がないかどうかという点を確認する必要がある。よって、誤り。

（3）例えば、代表者等に個人債務がある場合等、代表者等への報酬の削減が困難な場合も想定されるため、代表者等の収支状況の確認は必要となる。よって、正しい。

（4）代表者等への多額な家賃等の支払いがある場合には、金融機関への返済資金を代表者等から調達している場合があるので、赤字の要因や返済状況、代表者等への家賃等の削減により赤字が解消するかを確認してみる必要がある。よって、正しい。

（5）記載の通りであり、正しい。なお、その場合に、代表者等に係る借入金
　　がある場合にはその額を控除しなければならない。

資産査定の実務

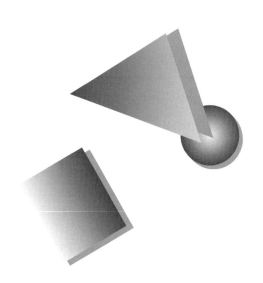

第3章

～学習の手引き（第3章)～

テーマ	80回	81回
1．自己査定の業務フローとスケジュール		
（1）査定対象先の抽出	○	○
（2）自己査定の事務フロー		○
（3）自己査定のスケジュール	○	
2．自己査定資料の作成		
（1）自己査定資料の意義		
（2）資料の種類と確認事項	○	○
3．債務者区分の実質基準		
（1）債務者区分の実質的判断	○	○
（2）営業の状況		○
（3）赤字の扱い		
（4）償還能力の判断	○	○
（5）延滞の状況		
（6）貸出条件の緩和	○	
（7）貸出条件の問題		
（8）債務超過の判断		
（9）再建計画		
（10）支援の判断		
（11）外部格付の利用		
（12）その他の定性的項目	○	○

1．自己査定の業務フローとスケジュール

・自己査定の業務を進めるに当たり、実務的な知識として必要となる査定対象者の抽出方法、作業の内容と流れ、作業スケジュールについて、概要を理解する。

・査定対象の抽出、査定対象の選定、事務フローについて、出題されている。

2．自己査定資料の作成

・資産の自己査定作業では、査定先の現状を明確にするための書類を具備して
おくことが非常に重要である。
・どのような資料を自己査定資料として整備すべきなのか、自己査定上のチェ
ックポイントが、どの資料のどのような場所から読み取ることができるのか
について理解する。
・具備されるべき自己査定資料は個々の債務者によって異なってくることとな
るが、一般的な自己査定資料について、作成・閲覧のポイントについて学習
する。
・実態貸借対照表、実態損益計算書の作成方法については、毎回出題されてい
るので、作成のポイントを理解しておきたい。

3．債務者区分の実質的判断

・各金融機関は自己査定基準や自己査定マニュアルに従った査定を実施してい
るが、その場合に一般的にチェックすべき項目とそれに対応する各債務者区
分の目安と、それらを総合的に判断して債務者区分を決定する方法を理解す
る。
・中小・零細企業の査定においては、定性的な項目の加味が特に重要であるが、
技術力、販売力、経営者の資質など、企業の定性的な評価に関し、多く出題
されており、しっかりと学習して望みたいものである。
・その他、償還能力の判断について、キャッシュフローの把握に関連して出題
されている。

1. 自己査定の業務フローとスケジュール

（1）査定対象先の抽出

　自己査定は各金融機関が自己責任のもとで適正な財務諸表を作成するために行うもので、原則としてすべての貸出関連資産について一定の基準に基づく査定を実施しなければならない。しかし、多数の債務者について同じレベルで一斉に査定を行うことは、事務負担も重く、一般的にはリスクに応じた抽出基準を設けてリスクの高い貸出関連資産を優先して査定することになる。

　まず、数多くの貸出債権から分類対象外貸出先を除くのが最初のステップになる。分類対象外貸出先は当該債務者に対する債権が全額非分類となる信用力の高い債務者であり、具体的には政府出資法人や地方公共団体等が該当する。よって原則としてこれらを除く債務者が自己査定の対象となる。2次査定や3次査定（内部監査）においては営業店による1次査定とは別の抽出基準によって抽出することもあるが、その際には外部監査や金融庁による検査において抽出される可能性の高い貸出関連資産については洩れなく抽出するように注意する必要がある。

　金融庁の検査においては伝統的に金額基準（大口先）の他に問題債権を抽出する目安がある。図表3-1に挙げたような債務者あるいは貸出関連資産は当局検査の際に抽出される可能性の高いものであるので注意が必要である。

（2）自己査定の事務フロー

　営業店における自己査定作業は、概ね、以下のような流れで行われる。
① 本部によるラインシートの作成・アウトプット
② 抽出基準に基づく査定対象先の抽出と抽出した債務者のリスト等の作成（営業店）
③ 分類対象先の選定とラインシートの補完（営業店）
④ ワークシートによる分類額の算出と補足説明資料の用意（営業店）
⑤ 営業店におけるチェック・査定
⑥ 本部貸出承認部門によるチェック・査定

図表3－1　抽出される可能性の高い債権の例

延滞先	査定基準日現在において、延滞が発生している先
赤字決算先	査定基準日直前の決算期において、売上総利益、営業利益、経常利益または当期純利益のいずれか一つ以上が赤字となっている先
債務超過先	決算書または実態貸借対照表上で債務超過となっている先
無配会社	株式公開会社で、査定基準日直前の決算期において無配である先
株価額面割れ先	株式公開会社で、査定基準日現在における株価の市場終値が額面割れとなっている先（または100円未満となっている先）
貸出条件大幅変更先	貸出条件を変更した先
金融庁区分先	前回金融庁検査において要注意先以下に区分された先
日銀区分先	前回日銀考査において要注意先以下に区分された先
前回自己査定区分先	前回の自己査定において要注意先以下に区分された先
低格付先	査定基準日現在における企業格付がB（シングルB）以下の先
当座貸越先	査定基準日現在において、預金担保または信用保証協会保証によって保全されない貸越残高が××百万円以上である当座貸越契約先
借入過多先	査定基準日直前の決算期において、有利子負債の金額が売上高以上の先
借入急増先	査定基準日直前の決算期における有利子負債が、当該決算期の前々期における有利子負債額と比較して50％以上増加している先
僚店取引先	査定基準日現在において複数の部室店において貸出関連資産を有しており、かつ査定基準日現在において、貸出関連資産の額が大口先に該当する先
財テク資金貸出先	財テクのための資金を貸し出している先
抽出法人の役員に対する貸出先	抽出された法人の役員である先
役員に対する貸出先	現職および退職後3年以内の役員に対する、預金担保貸出を除く貸出
関連会社に対する貸出先	全ての子会社等、ならびに親会社等グループ企業
不祥貸出先	不祥事件のほか信用を著しく失墜した事件等に関係した先
その他	例：土地関連貸出先、反社会的勢力貸出先、特殊株主、法人成りおよび法人設立後決算未到来先など

第3章

149

⑦　不明事項等についての本部による営業店へのヒアリング

⑧　営業関連部門から独立した資産監査部門による監査

　営業店においては、査定対象先の選定、債務者概況の説明などにおいて、債務者の現況を把握しておく必要がある。

（3）自己査定のスケジュール

　自己査定は、中間期を含む決算期末において、適切な償却・引当を実施するための準備作業であり、通常は年１回または２回行われるが、本部は営業店の作業負担を考慮し、作業要領とスケジュールを早期に提示し、ラインシート等の資料作成のシステムサポート化を図り、営業店の作業が短期間に正確に仕上がるよう、支援体制を整備して、営業活動への影響を極小化するような配慮をしている。

　中心となる貸出金の自己査定の作業スケジュールを例示すると、図表３－２のようなものが考えられる。

　なお、当該スケジュールは決算日の３カ月前に仮基準日を設けて自己査定作業を実施することを前提としている。つまり、自己査定の基準日は原則は決算日であるが、実務上は仮基準日を設けるケースが多く、それは決算期末日の３カ月前とすることが多い（仮基準日を設けて自己査定を行う場合の仮基準日は原則として決算期末日の３カ月以内とされている）。

　この場合、仮基準日以降決算期末日までの債務者の概況の変化に応じて、適宜、信用格付、債務者区分および資産分類の見直しを行う必要がある。

　組織の業務分担に則していえば、本部貸出承認部門が作成した自己査定作業要領とスケジュールに従って、営業店が対象先を抽出、ラインシート等の作業資料を作成した上で、債務者区分と資産分類を行い、検証する。それを本部の審査部等が検証する。

　その後で、本部監査部門が再度、検証し、意見の相違があれば、審査部等と協議する。

　また、外部監査を受ける必要のある金融機関においては同時並行的に会計監査人の監査を受け、意見の相違があれば、協議する。

　この過程を経て、査定結果が確定し、審査部等ではその結果を集計し、要償

却・引当額を算定し、財務諸表の基礎数値を作成する。

図表３－２　自己査定スケジュール表（３月末本決算、12月末仮基準日の例）

		営業店	本部貸出承認部門	本部資産監査部門	監査法人等
10月	上旬			自己査定作業要領策定	
	中旬			（説明資料作成）	
	下旬	自己査定作業説明会		（内部説明会開催）	
11月	上旬	抽出対象先選定	抽出対象先チェック		
	中旬	（査定資料準備）			
	下旬	＊財務諸表	抽出対象先選定		
12月	上旬	＊担保評価替	分類予想作業		
	中旬	ラインシート 作成準備	（要償却事前把握）		
	下旬	（附属資料作成） ［末日：自己査定仮基準日］		償却予定先把握	
1月	上旬	ラインシート 作成・自己審査	ラインシート 作成指導	ラインシート 出力・送付	
	中旬	ラインシート検証 （自己査定チェック）	ラインシート検証 （自己査定チェック）		
	下旬	ラインシート 本部提出	ラインシート 監査部門へ提出	ラインシート検証 償却予定額把握	
2月	上旬	ラインシートの自己査定内容の本部・営業店面談 個別先の償却・引当資料作成			
	中旬			ラインシート 検証終了	監査法人 監査
	下旬	自己査定結果受領		分類・償却額集計 報告	
3月	上旬	仮準備日後の状況変化 フォロー		監査法人対応	
	中旬		追加償却		
	下旬	［末日：基準日］			
4月		後発事象		決算事務終了	
5月					

2．自己査定資料の作成

（1）自己査定資料の意義

　自己査定作業では、査定先の現状を明確にするための書類を具備しておくことが非常に重要である。特に貸出関連資産の自己査定に際しては、債務者の実態を十分認識した上で当該与信の回収可能性について判断しなければならない。

　このような判断を行うために必要なチェックポイントは、以下のとおりである。（以下の番号は、図表3－3の表中と連動している。）

① 営業の状況
② 損益の状況（赤字）
③ 償還能力（過剰債務）
④ 延滞の有無
⑤ 貸出条件の緩和
⑥ 貸出条件の問題点（条件緩和を除く）
⑦ 債務超過
⑧ 再建計画
⑨ 支援
⑩ 外部格付
⑪ 定性面の評価

　自己査定の作業は、これらのチェックポイントに関する考察と判断の集積であり、その作業結果を明らかにするには、考察の対象となった事象や事実を整理・把握するための資料や、判断の過程を克明に記録した書類等を完備することが必要となる。自己査定資料は、自己査定結果に対する自金融機関内外への説明責任を果たすための媒介としての意義を有しており、その整備・作成状況の巧拙が、その後の検証作業の効率性を左右することになるものともいえる。

（2）資料の種類と確認事項

① 貸出金調査表（ラインシート）

　貸出金調査表とは、自己査定基準日における債務者に対する与信残高等の明

図表３－３　貸出金調査表の作成・閲覧のポイント

確認事項	留意点
概況	●債務者の生年月日、創業日 　→法人の場合、業歴がどの程度であるかを確認 　→個人の場合、現在の年齢を確認（返済期限、返済条件等との比較、高齢かどうか） ●取引開始年月日 　→取引歴がどの程度であるかを確認 ●業種、職業 　→一般的に言われている問題業種に該当するか確認 　→企業に勤務している個人債務者の場合、勤務している会社（業種）等を確認 ●売上高の推移 　→資産・負債調の「売上高」推移より、持ち合わせている情報と比較して異常な動きがないか確認
損益の状況 （赤字） （チェックポイント②）	●赤字の有無 　→資産・負債調の「売上総利益」、「経常利益」、「当期純利益」より、赤字が発生していないか確認 ●債務者の創業日 　→赤字が発生している場合、創業赤字でないか確認
償還能力 （チェックポイント③）	●有利子負債 　→資産・負債調の「短期借入金」＋「長期借入金」＋「社債」等により算定 ●正常運転資金 　→資産・負債調の「受取手形」＋「売掛金」＋「製品・商品」＋「原材料・仕掛品」－「支払手形」－「買掛金」により算定（卸・小売業、製造業の場合） ●営業キャッシュ・フロー 　→資産・負債調の「当期純利益」＋「固定資産償却額」により算定（簡便法）
延滞の有無 （チェックポイント④）	●延滞元金、利息、月数 　→延滞元金、利息、月数の欄に記載がある場合には、延滞が発生している
貸出条件の緩和および貸出条件の問題点 （チェックポイント⑤、⑥）	●金利減免 　→利率が通常適用される金利（同等の信用リスクを有する者に適用する利率）を下回っている場合には、金利減免の可能性あり ●金利支払猶予 　→未収利息の額が元本や利率に比して不自然に大きい場合には、利払いが止まっている可能性あり ●元金返済猶予 　→割賦金の最終回割賦金が毎月の割賦金に比して異常に大きな場合には、約弁しわ寄せ（テールヘビー）の条件緩和を実施している可能性あり 　→資金使途が短期の運転資金、返済方法が一括返済で、当初貸出日から数年経過している手形貸付は、短期同額継続の条件緩和（いわゆるベタ貸し）を実施している可能性あり 　→資金使途が設備資金にもかかわらず、返済条件が期日一括となっている場合には、返済期日延長の条件緩和を実施している可能性あり 　→分割弁済の返済条件の貸出金があるにもかかわらず、「期別預金貸出金残高推移」の貸出金の額が一定で推移している場合には、元本返済猶予（折返貸出）の条件緩和を実施している可能性あり
債務超過 （チェックポイント⑦）	●債務超過の有無 　→資産・負債調の「純資産」より、形式的な債務超過が発生していないか確認
定性面の評価 （チェックポイント⑪）	●後継者の有無 　→「保証人」、「関連貸出」等の欄より、後継者候補の有無を確認 ●金融機関との取引状況 　→「融資シェア」によりメインの取引金融機関か否かを確認 ●資金繰りに関する情報 　→「期別預金貸出金残高推移」の預金積金から（定期性）を除いた金額の推移に不自然な点がないか確認

第３章

細を一覧に示したものであり、一般的には「ラインシート」と呼ばれている。債務者の現況を、主に定量面から効率よく把握できるようになっている。この

図表３−４　債務者概況表の要記載内容および留意事項

確認事項	記載内容・留意事項
取引の経緯等	● 会社の概要（沿革・本社工場所在地・役員・大株主） →会社案内、営業案内、株主名簿等があれば別途添付する ● 事業内容（業種・事業内容・主要取引先） →業種 □ 現在は、業種が多様化・専門化しているため、その特色等について簡潔に記載する □ 業種が複雑に分化している場合には、たとえば取扱い製品がエンドユーザーに渡るまでの流れを把握して表にする等の工夫が必要なケースもある →事業内容 □ 具体的な取扱い製品・商品について、製品・商品別、部門別に概要を把握できるよう記載する □ 参考となる資料があれば添付する（営業案内、製品や商品のパンフレット・写真、設備・能力等に関する案内書等） □ 特許・実用新案、独占販売権などがあれば、当該事項についての説明を記載する □ 許認可事業であれば許認可の有無を記載する →主要取引先 □ 特筆すべき取引相手が存在する場合には、その概要を記載する □ 業績が、仕入先、販売先の動向で大きく左右される（例えば大企業の請負・外注先工場等）場合には、仕入先や販売先の実態を詳細に把握し、重要事項を記載する ● 取引経緯、取引状況 →取引経緯については、特に説明を要するもの以外は、簡略な説明で十分 →取引状況については、問題債権の発生など特筆すべき事項があれば、個別に詳細を記載する →取引開始後からのヒストリーが把握できる「貸出金フロー表」、「債務更改明細」などを作成し、別途添付する →延滞が発生した場合には、その原因と対応策および保全状況について記載する →条件緩和があった場合には、その経緯や内容を詳細に記載する
債務者の現況	● 債務者の現況と問題点（現況・問題点・課題〈経営陣・製造面・製品面・販売面〉・業界動向） →債務者に対する取組方針、対応策等を記載する →業界売上順位、所得順位、建設業等の官公庁入札ランク、大口所得法人等の情報を蓄積しておき、必要に応じて記載する →業界の動向、特に地域における特異性、地域産業の動向等を記載する →業界、地域からくる問題点と財務上の問題点（例えばいわゆるバブル経済崩壊後業界自体が構造不況業種となっている場合など）について、(a) なぜ構造不況業種となったのか、(b) 業界の現状、(c) 今後の見通し等について整理し記載する ● 赤字（債務超過）、延滞等の特定事実の発生 →赤字（債務超過）の要因については、債務者の直近期の決算書に基づく経営成績および財政状態の概況説明とともに、その原因を記載する →債務者が法的な破綻に陥った場合には、その経緯とともに、今後の対応策および保全状況について記載する
今後の業況等の見通し	● 業況等の見込（赤字・延滞解消の見込） →今後の業況の見込および自金融機関の取組方針を簡潔に記載する →将来キャッシュ・フローの見通しとその判断根拠を記載する →中長期経営計画や再建計画等が入手されている場合には、それらに基づいた予測を記載する

ため、一連の自己査定資料の中では最初の資料としてファイリングされている
ケースが多い。作成・閲覧する場合の主要なポイントは、図表3－3の通りで
ある。

② **債務者概況表**

　上記のラインシートのみでは、債務者の定性情報（事業環境、経営者の資質、
後継者の有無・資質、従業員や労働組合との関係、取引先との関係、金融機関
との取引状況、資金繰りに関する情報、その他）を十分に読み取ることは不可
能である。債務者概況表は、このようなラインシートの限界を補完する資料と
して位置付けられる。

　したがって、当該資料を作成する際には、ラインシートと併せて、債務者に
対する概括的な理解を得られるよう、債務者区分の判定に有用な情報を要領よ
くまとめて記載していく必要がある。

　債務者概況表の記載内容および留意事項は図表3－4の通りである。

③ **保全明細**

　ⅰ）担保関連

図表3－5　「担保明細表」作成・閲覧のポイント

担保の種類	留意点
預金積金	●名義が債務者に関連ある者か確認 ●満期日が超過したものが含められていないか確認
有価証券 ゴルフ会員権	●名義が債務者に関連ある者か確認 ●銘柄は流動性のあるものか確認 ●流通性のない株式の場合、譲渡制限の有無を確認 ●債務者自身や関係会社等の株式でないかを確認（債務者や関係会社等の状況次第では担保としての価値が認められない可能性あり） ●単価は直近の時価等を反映しているか確認 ●掛け目は適切なものが使用されているか確認
動産・不動産	●提供者が債務者に関連ある者か確認 ●動産・不動産の種類が特殊なもの（例えば山林、ゴルフ場等）でないか確認 ●単価には動産・不動産の種類に応じた、直近の適切なもの（公示地価、路線価、鑑定価格、買受可能価額等）を使用しているか確認 ●掛け目は適切なものが使用されているか確認 ●火災保険のないものが不当に高く評価されていないか確認 ●担保設定状況が直近の登記簿の内容と合致しているか確認 ●対象物件に訴訟案件がないか確認（訴訟案件がある場合、通常当該物件の処分が困難となる）

155

担保に関連した自己査定資料は、一般的に担保明細表が作成される。これは、自己査定基準日における債務者に対する担保等の保全状況の明細を一覧に示したものであり、貸出金調査表を補完する資料として位置付けられる。

　担保明細表の作成・閲覧の主要なポイントは、図表３−５の通りである。

ⅱ）保証関連

　保証については、保証人の保証能力もさることながら、その保証形態・保証意思の確認および確認方法を十分にチェックする必要がある。通常、金融機関は貸出審査にあたり、保証人調書を徴求しその保証能力を審査しているが、不動産担保同様、少なくとも年に１回は保証人の保証能力のチェックを行う必要がある。自己査定資料としては、それらに関する諸資料を整備する必要がある。

　なお、優良保証の代表的なものとして信用保証協会保証があるが、これについては図表３−６の点に注意する必要がある。

④　**実態貸借対照表と実態損益計算書**

　ラインシートにおいて示される債務者の要約財務諸表は、一般的に債務者から徴求した財務諸表数値がそのまま入力されているため、特に中小企業の債務者については、これが実態の財政状態および経営成績を表していないケースが多々ある。実態貸借対照表および実態損益計算書は、このようなラインシートの限界を補完する資料として、各科目の明細を詳細に検討した上で作成する資料である。

　特に中小・零細企業などの場合には、法人の他、個人の資産・負債および収支を合算する必要があることに留意が必要である。

⑤　**償還能力算定シート**

　償還能力算定シートは、債務者の償還能力を判断するためのシートである。ポイントは３つある。まず、償還原資であるキャッシュ・フローをどう見積もるか、次に、要償還債務をいかに計算するか、最後にその判断基準である。

⑥　**稟議書**

　①〜⑤までの自己査定資料により、債務者の概況把握や支払能力等の検討が行われるが、自己査定では、最終的にラインシート上の個々の与信についての分類を実施しなければならない。この個々の与信の査定における重要なポイン

図表3－6　信用保証協会の保証に関する留意点

確認事項	留意点
責任共有制度	07年10月1日以降の保証については、金融機関が「負担金方式」と「部分保証方式」のいずれかの方法を選択し、部分保証（金融機関の負担割合は20％）となっている。 　ただし小口零細企業保証制度など、適用対象外で100％保証となるものもある。
免責	以下の事由により免責を受けた場合は、ラインシート上、保証協会保証付貸出金として扱ってはならない。 ●旧債の振替 　協会の承認を得ずに金融機関が保証付貸出金の全部または一部をもって、金融機関の既存の貸出金回収にあてたとき適用される。 ●保証契約違反 　金融機関が信用保証書に記載された保証条件と異なる貸出を実行したとき、または約定書の各条項に違反したとき適用される。 　違反には、債務者相違、保証人相違、保証金額と貸出金額相違、期間相違、貸出形式相違、返済方法相違、保証条件担保相違、代位弁済時において協会が担保の移転を受けられないとき、保証否認、貸金使途相違、完済報告、貸出実行報告（変更実行報告）、事故報告等の誤報、または懈怠・既貸出金回収条件等不履行などがある。
保証対象外業種	●保証協会の保証が受けられない業種でないか確認 　□農林漁業（一部業種は対象となる） 　□代理商 　□仲立業 　□遊興娯楽業のうち風俗関連営業 　□金融業 　□宗教法人 　□非営利団体 　□その他保証協会が不適当と認める業種 ●保証対象業種部門と保証非対象業種部門を持っている企業の場合、貸出金が非対象業種部門で使用されていないか確認（代位弁済を受けるに当たり、貸出金のフォローを保証協会にチェックされ、否認を受ける可能性あり）

トは、運転資金においては当初貸出日、資金使途および返済財源であり、長期資金においては資金使途、利益償還能力および返済期間であるといえるが、これらの情報が最も詳細に入手できる資料が稟議書である。

　また、稟議書には、貸出金の資金使途、返済条件、返済財源、担保、金利、取上理由等、個々の案件に関する詳細な情報が記入されており、かつ、取引先の概要、実態が比較的簡単に把握できるように構成されているケースが多い。

上述のとおり、債務者に関する概括的な理解はラインシートにより得られるものであるが、より詳細な検討を行う際の資料としても、貸出実行時や条件変更時の個々の貸出稟議書を、必要に応じて添付しておくことは重要なことである。

⑦　その他

ⅰ）再建計画書

再建計画書は債務者区分の判定に際し、特に破綻懸念先と要注意先のどちらに区分すべきかを決定する判断材料として、非常に重要な役割を持つ疎明資料である。

ここでの再建計画書には、いわゆる一般的な書類としての「再建計画書」のみならず、中小企業の経営者からのヒアリングを基に金融機関側で作成する収支予測や資金繰り予測等の資料も含んだものである。

ⅱ）支援に関する資料

業況の芳しくない子会社を親会社が支援して再建させていくということは一般的によく行われている。このような状況下における子会社の債務者区分を判定するにあたっては、当該子会社の状況のみならず、親会社の状況も勘案しなければならない。

例えば、子会社の業況が悪化し、単独では「破綻懸念先」に相当する場合であっても、親会社が子会社に対して毎期相当の支援を行っており、かつ、子会社が親会社の事業を補完している場合には、子会社再建の意思があると認識され、親会社が存続するかぎり子会社も長期的に存続すると認められるため、「要注意先」に区分される場合もある。

このように親会社が支援していることにより、「要注意先」となっている子会社については以下のような点を確認する必要がある（図表3－7参照）。

・親会社に支援の余力が十分備わっているか
・親会社の支援態度はどの程度明確であるか
・親会社の支援方法は実行可能であるか

この際、親会社とも取引がある場合には、基本的に親会社に対する自己査定を実施するのに必要な疎明資料を収集すれば足りるであろうが、親会社との取引がない場合には、当該親会社が子会社支援によって、どの程度の負担を負っているかについての資料を別途取り揃えなければならない。

図表3－7　支援する親会社に関する自己査定実施時の資料

確認事項	資料
親会社の支援余力	●親会社の会社概要等が示されているパンフレット等 ●親会社の決算書（上場会社である場合には、有価証券報告書や決算短信など）やディスクロージャー誌 ●格付会社が親会社を格付している場合の当該格付 ●親会社が上場会社ではない場合には、信用調査会社等の評点情報など ●日刊紙や親会社が属する業界の業界誌等の信頼の置けるメディアから得られる親会社に関する信用情報等
親会社の支援姿勢	●親会社が子会社に債務保証を付している場合には、当該債務保証契約書 ●親会社が金融機関に経営指導念書を差入れている場合には、当該念書 ●親会社が上場会社である場合には、有価証券報告書に記載されている「企業集団の状況」や「セグメント情報」において当該支援子会社の位置付けが明確にできる場合がある ●親会社からの人材派遣状況等 ●親会社の役員を兼務している子会社の役員との面談時における、当該役員からの親会社支援に関するヒアリング情報とそれを裏付ける資料 ●親会社代表者が子会社役員を兼務している場合（中小企業によく見られる）の当該役員から徴求した支援方針に関する念書等
親会社の支援方法の実行可能性	●親会社の支援を織り込んだ中長期経営計画あるいは再建計画書 ●事業再編を伴う支援である場合、そのスキームについて説明された書類 ●事業再編を伴う支援である場合、当該再編を株主に問うための株主総会招集通知とその決議結果 ●事業再編を伴う支援である場合、再編に伴う税務上の問題点や解決策等をまとめた書類

この親子関係については、旧金融検査マニュアルにおいて、親会社の財務内容が良好というだけで、子会社の債務者区分を安易に判断してはならないとされているので、まずは、子会社の経営実態をよく見極めることを見失わないよう注意が必要である。なお、支援を実施している者が親会社以外の場合にも基本的には上記と同様の確認が必要である。

ⅲ）業界の動向等

業界の動向等の資料については、債務者概況表の記載にあたっての基礎となるものであるが、これらの情報収集は、自己査定の疎明資料作成のために、自己査定作業の一環として実施するものではなく、日常的な信用リスク管理の一環として蓄積された資料を、自己査定の作業を実施するに際し、改めて整理した上で疎明資料の一つとしてまとめ上げるというスタンスが必要である（図表3－8参照）。

159

図表3－8　業界動向に関する資料作成時のポイントと留意点

確認事項	留意事項
債務者が属する業界の把握	●業界紙（業界の属する協会等が発行するもの等含む）、インターネット、経済研究所等の業界に関する資料、政府が公表する統計資料等を集積し、債務者が属する業界の全体的な動向（成長、縮小、停滞等）、業界に関する法規則、取引慣行、事業リスクを把握する →ソース・データとしては、インターネット、雑誌、業界本、シンクタンクの報告書、業種別融資審査ガイド等がある →調査の効率性の観点から、関連する資料はできるかぎり債務者から提示させるよう努める →大まかな方向性を理解する程度で可 →環境問題等、社会的な問題の属しやすい業界か否か確認する
市場の競合度同業他社との比較	●同業他社と比較し、当社の市場における位置（マーケット支配力の優位性、技術の優位性）を把握する →中小企業においては、取引先が海外等に移管しており、海外との競争力等も考慮する必要がある →同業他社の格付会社からのレポート等は、債務者との比較を行うことで、債務者の業界での位置付けを行う上での参考になる →当該業界存続のためのキーポイントは何かを探る →許認可等参入障壁の有無について確認する

3．債務者区分の実質基準

（1）債務者区分の実質的判断

　旧金融検査マニュアルにおいては、貸出条件、履行状況、業況、経営改善計画、金融機関等による支援、財務内容（実質債務超過など）、法的・形式的な経営破綻の事実や業種等の特性を踏まえ、事業内容、事業規模、キャッシュ・フローによる償還能力、債務者の技術力、販売力及び成長性等を総合的に勘案して債務者区分を検討することとされている。

　具体的には、赤字の状況にあり短期的な解消が見込めない債務者は、要注意先が推定され、経営改善計画が策定されている場合には、その評価や進捗状況に応じて要注意先、要管理先、破綻懸念先あるいは実質破綻先と判定される。ただし、個々のチェック項目のみで債務者区分を決定できるものではなく、総合的な判断が必要であることに留意する。

　実務的には各金融機関の自己査定基準や自己査定マニュアルに従って査定す

図表3−9　債務者区分判定のチェックポイント

チェックポイント	内容
営業の状況	破綻、または実質的な営業停止
赤字	赤字の有無、解消見込み
償還能力	営業キャッシュ・フローによる要償還債務の返済期間等
延滞	延滞の有無、期間
貸出条件の緩和	貸出条件緩和の有無、内容
貸出条件の問題	金利水準や与信期間と資金使途等の整合性等
債務超過	債務超過の有無、解消見込み期間、程度
再建計画	再建計画の有無、程度、進捗状況
支援	支援の有無、程度、実現可能性
外部格付	外部格付の有無、レベル
その他定性的項目	剰余金のマイナス、反社会的勢力あるいは定性的な項目

ることになるが、概ね図表3−9のチェックポイントによって判断する。

　なお、総合的な判断においては何を重視するかという点で金融機関によって相違がみられるものの、貸出金の査定が回収可能性に関する判定であることから、もっとも重視すべきは回収原資であるキャッシュ・フローによる償還能力であろう。

（2）営業の状況

　営業の状況から、以下のとおり、破綻先または実質破綻先になる。
　　・法的破綻：破綻先（注）
　　・営業の実質的な停止：実質破綻先
（注）会社更生法あるいは民事再生法による更生計画、再生計画がある場合には、（9）経営再建計画の評価による。

（3）赤字の取扱い

　赤字（あるいはキャッシュ・フローがマイナスを目安とする場合もある）の状況にある債務者は、要注意先以下の債務者区分が推定される。ただし、以下の場合には正常先とできる。
①　創業赤字で、当初計画が合理的で計画と実績に大幅な乖離がない場合

161

創業赤字である債務者については、当初事業計画が合理的であって、実績が計画と大幅に乖離していなければ正常先と判断して差し支えないとされている。具体的には当初事業計画において、概ね５年以内に黒字化する計画であり、売上高等が事業計画に比して概ね７割以上確保されており、赤字幅（旧金融検査マニュアルでは当期利益も計画比７割以上と記載されているが、そもそも（創業）赤字であるので、実務的には計画と大幅な乖離がないという観点で判断する）やキャッシュ・フローについても計画と大幅な乖離がない場合である。ただし、数値基準の機械的・画一的な判断は避けあくまでも、総合的な判断を行わなければならない。

② 一過性の赤字

　赤字であっても、それが一過性ですぐに解消するのであれば正常先とできる。

③ 中小・零細企業で代表者等と一体査定すると赤字が解消する場合

　中小・零細企業で実質的に一体である代表者等への家賃や報酬の支払いによって赤字になっているような場合で、代表者等への家賃・報酬の削減可能性や代表者等の他の収入で法人の返済原資にできることが資料等により確認できる場合には、一体とみて赤字の有無の判定を行う。

④ 自己資本が十分に厚いなど、明らかに償還能力に問題がない場合

　赤字が発生していても、それが事業再構築等によるものであることが明確で、キャッシュ・フローや自己資本等から判断して償還能力に問題がないことが明らかな場合などは、正常先にとどめることができる場合もある。

（4）償還能力の判断

　償還能力は回収可能性の観点から最も重視すべきポイントとなる。この償還

図表３−10　償還可能年数と推定される債務者区分

業種	問題なし	要注意先 （償還能力劣る）	破綻懸念先 （償還能力極めて劣る）
一般事業会社	〜10年	10年〜20年	20年〜
不動産賃貸業 倉庫業 ホテル業	〜25年	25〜35年	35年〜
ノンバンク	〜３年	３〜10年	10年〜

能力の判定においてはキャッシュ・フローの源泉に着目する必要がある。つまり、借入金等の返済に必要なキャッシュが何から生まれているのかを適切に把握する必要がある。

例えば、キャッシュ・フローの源泉が営業活動によって得られるキャッシュ・フローであれば、その安定性に着目して要償還債務の返済期間によって判断することが考えられる。

この場合にはキャッシュ・フローの安定性に着目して業種によって債務者区分の目安年数を変えることが考えられる。

図表3−10では、一般事業会社は10年と20年を債務者区分の目安としている。不動産賃貸業のように、物件そのものがキャッシュ・フローの源泉である業種では、キャッシュ・フローが一般的に安定していることから25年と35年を債務者区分の目安としている。ただし、キャッシュ・フローの源泉である物件は必ずしも常に新築ではないことなどから、築年数と耐用年数（今後の経済的耐用年数）を考慮する必要がある。

（5）延滞の状況

延滞が発生している債務者は、その延滞期間と入金実績、入金見込に応じて、要注意先以下の債務者区分が推定され、実務的には、図表3−11のような区分が考えられる。

一般的な査定においては、延滞の有無は単独では債務者区分の判断基準とは

図表3−11　延滞期間と債務者区分の関係

延滞期間	推定される債務者区分
3カ月未満	要注意先
3〜6カ月	要管理先[1・2]
6カ月以上約定どおりの返済はできていないが入金実績があり、将来の入金も見込める。	破綻懸念先
6カ月以上入金実績がなく[3]、かつ、将来的な入金見込みもない。	実質破綻先

＊1：債務者が大会社の場合には破綻懸念先となる場合もある。
＊2：他の要素から破綻懸念先もありうる。
＊3：入金実績が金利または元本の一部回収とみなせないような少額の場合（例えば、金利に換算して基準割引率及び基準貸付利率にも満たないような場合）は、入金実績なしとして取り扱うことが考えられる。

ならない。つまり、延滞がないから問題なしというわけではない。貸出条件を緩和することによって延滞発生を回避しているということもあるため、貸出条件とセットで検討する必要がある。

（6）貸出条件の緩和

要注意先のうち貸出条件緩和債権がある債務者は、要管理先が推定されるが、償還能力が極めて劣り、実質債務超過の解消が見込めないなどの場合には破綻懸念先となる場合もあることに留意する。

貸出条件緩和債権は金融再生法施行規則や銀行法施行規則等に定義されている。法律上の定義を整理すると実務的には貸出条件緩和債権とは以下の要件を全て満たす貸出金である（詳細は第2章7．貸出条件緩和債権参照）。

・経済的困難に陥った債務者に対して
・貸出条件の更改時に
・再建・支援の目的で
・債務者に有利な取り決めを行っている

具体的には、以下のようなものがある。

イ．金利減免債権

ロ．金利支払猶予債権

ハ．経営支援先に対する債権

ニ．元本返済猶予債権

ホ．一部債権放棄を実施した債権

ヘ．代物弁済を受けた債権

ト．債務者の株式を受け入れた債権

（7）貸出条件の問題

貸出条件に問題がある債務者は、要注意先が推定される。貸出条件に問題がある例としては、資金使途等から適正な与信期間を超えている場合や、テールヘビーの場合が挙げられる。なお、貸出条件緩和債権に該当する債権がある債務者は要管理先となる。

（8）債務超過の判断

　債務超過の状態にある債務者は、債務超過の解消見込期間に応じて概ね図表
3－12のように区分される。

　なお、債務超過は原則として「実質債務超過」（実質純資産がマイナス）に
よって判断する。実質純資産を算定する際に留意すべき項目を例示すると、以
下のとおりである。

- ・回収不能手形
- ・架空売掛・焦付売掛
- ・不良在庫・架空在庫
- ・固定化未収金仮払金等
- ・業績不振先への投融資（関係会社やオーナーなど）
- ・繰延資産
- ・繰延税金資産
- ・財テク含み損
- ・不動産含み損

　実質純資産の算定においても、企業継続ベースか、清算ベースかという相違
がある。また、中小・零細企業の場合には経営者等と一体として判断すること
が必要な場合がある。

図表3－12　債務超過の状況と債務者区分

実質債務超過の解消見込み期間	推定される債務者区分
5年超	破綻懸念先
2～5年	要注意先
1年	要注意先（または正常先）＊

＊正常先となる場合
・優良な親会社による増資引受や、合併などにより実質債務超過が解消することが確
　実で、その後も、実質債務超過に陥る可能性がない場合
・業況の著しい回復により、1年で解消し、その後も債務超過に陥る懸念がない場合

（9）再建計画

① 再建計画策定直後の判断

破綻懸念先に相当する債務者について、再建計画が策定された場合、その計画が「合理的かつ実現可能性の高い経営改善計画（「合・実計画」という）」に相当する場合には（広義の）要注意先と判断することができる。その場合に、貸出条件緩和債権があると要管理先となるが、計画が「実現可能性の高い抜本的な経営再建計画（「実・抜計画」という）」に相当する場合には、貸出条件緩和債権の卒業要件を充たすため、その他要注意先となる。

なお、中小・零細企業の場合には「合・実計画」があれば、それは「実・抜計画」の要件を満たすものとされている点に注意が必要である。

また、中小・零細企業について貸出条件の変更を行った日から最長1年以内に当該経営再建計画を策定する見込みがある場合、すなわち、金融機関と債務者との間で合意には至っていないが、債務者の経営再建のための資源等（例えば、売却可能な資産、削減可能な経費、新商品の開発計画、販路拡大の見込み）が存在することを確認でき、かつ、債務者に経営再建計画を策定する意思がある場合には、当該貸出条件の変更を行った日から最長1年間は当該債務者に対する債権は貸出条件緩和債権には該当しないものと判断して差し支えないこととなっている。

② 再建計画の進捗状況に基づく判断

計画策定時においては、要件を充たさず、破綻懸念先に留めた債務者についても進捗状況が良好な場合には、要注意先にランクアップできる。具体的には、以下の要件を全て満たす場合には要注意先（要管理先含む）とすることができる。

ただし、中小・零細企業の場合には貸出条件緩和債権の卒業要件を満たすため、「その他要注意先」とすることができる。

ⅰ）経営改善計画等の進捗状況が概ね計画どおり（売上高等及び当期利益が事業計画に比して概ね8割以上確保されていること）であり、今後も概ね計画どおりに推移すると認められる。

ⅱ）もともとの計画期間が10年以内で、かつ、計画終了後、当該債務者の債

務者区分が原則として正常先となる計画または要注意先にとどまるレベルであっても金融機関等の再建支援が不要となり、自助努力により事業の継続性を確保することが可能な状態となる計画である。

ⅲ）債権放棄、現金贈与を求める計画である場合、全額実施済で今後発生しない。

逆に、計画策定時には「その他要注意先」または「要管理先」とされた先についても計画の達成状況によっては見直す必要がある。すなわち、経営改善計画等の進捗状況が計画を大幅に下回っており（概ね8割に満たない場合が考えられる）、今後も急激な業績の回復が見込めず、経営改善計画等の見直しが行われる見込がない場合には「破綻懸念先」や「実質破綻先」となる可能性が高い。

また、実現可能性の高い抜本的な経営再建計画に沿った金融支援の実施により経営再建が開始され、貸出条件緩和債権の卒業要件を満たし、「その他要注意先」とした債務者も、その後、計画の進捗状況が悪化し、それらの要件を欠くこととなり、当該計画に基づく貸出金に対して基準金利が適用される場合と実質的に同等の利回りが確保されていないと見込まれるようになった場合には、当該計画に基づく貸出金は貸出条件緩和債権に該当することとなり「要管理先」になる可能性がある。

（10）支援の判断

単独で査定した場合に、破綻懸念先に相当する債務者を、金融機関や親会社の支援を勘案して要注意先（要管理先を含む）とするためには、支援内容が具体的に示され、それが償還能力の点から評価でき、かつ実現可能性が高いことが必要である。

金融機関の支援においては、単に債権残高を維持するというだけでは、償還能力の点から評価できないこともある。具体的な再建計画やそれに準ずる資料が必要である。

特に、自金融機関が支援を継続する方針であるため、当面は破綻する懸念がなく、破綻懸念先には該当しないという考え方は誤っている。支援することによって損失が見込まれる場合には（個別貸倒引当金が必要であるため）破綻懸

図表３－13　再建計画の要件比較

	合理的かつ実現可能性の高い計画	実現可能性の高い抜本的な計画
判断の局面	破綻懸念先か要注意先（要管理含む）か	要管理先かその他の要注意先か
債権者の同意	計画の実現に必要な関係者との同意が得られていること ※何らかの文書等の方法により確認できることが必要。	同左
計画期間および内容	・再建計画期間が概ね５年以内である（中小・零細企業の場合には10年でもよい） ・計画の実現可能性が高いこと 【実績による判断】 ・再建計画期間が概ね５〜10年以内である ・経営改善計画等の進捗状況が概ね計画どおり（売上高等及び当期利益が事業計画に比して概ね８割以上確保されていること）であり、今後も概ね計画どおりに推移すると認められる	左に加えて、売上高、費用及び利益の予想等の想定が十分厳しいものとなっていること。
債務者区分	計画終了後、当該債務者の債務者区分が原則として正常先となる計画であること、または金融機関等の再建支援を要せず、自助努力により事業の継続性を確保することが可能な要注意先となる計画である。	当該経営再建計画の実施により概ね３年後（債務者企業の規模又は事業の特質を考慮した合理的な期間の延長を排除しない）には、当該債務者の債務者区分が正常先となることが見込まれること。
債権放棄等	計画における債権放棄などの支援の額が確定しており、当該計画を超える追加的支援が必要と見込まれる状況でないこと。 ※既に支援による損失見込額を全額引当金として計上済で、今後は損失の発生が見込まれない場合を含む。	同左

念先とする必要がある。

　また、親会社等の支援については、具体的な支援策の内容が償還能力の点から評価できるものであること、支援を行う親会社の業況が良好であり、支援を行う能力を有しているといった点を確認する必要があることにも注意する。その場合には、親会社単独の業況等だけでなく、同一グループの会社の状況等も

勘案して、支援能力を判断することが必要である。

　なお、親会社等との関係によっては、グループ会社を一体として同一債務者として査定することも考えられる。

（11）　外部格付の利用

　外部格付は参考情報として使用される場合が多い。例えば、外部格付が急変した場合には、自己査定作業をより慎重に行う必要がある。

　外部格付と自己査定の債務者区分との対応は、目安として外部格付がシングルB格（R&I）程度以下であれば要注意先以下となる。ただし、それぞれの格付機関間の対応も含めてあくまでも目安であることは認識しておきたい。

（12）　その他定性的項目

　繰越損失がある場合、債務者が反社会的勢力である場合には、要注意先以下と推定する。これらは当局の検査において伝統的にチェックされる項目である。ただし、繰越損失は任意積立金等の取崩等で容易に消せる場合もあり、実態としての財務状況を示していない場合もあるので注意が必要である。

　実務的には、例えば、利益剰余金がマイナスで、資本金＋資本剰余金に食い込んでいる場合だけ考慮すれば足りると考えられる。

　この他に定性的な項目を加味する必要があるが、特に中小・零細企業の査定においては重要である。考慮すべき主なポイントは以下のとおりである。

①　技術力、販売力、成長性
　ⅰ）企業や従業員が有する特許等を背景とした新規受注契約の状況
　ⅱ）新商品・サービスの開発や販売状況を踏まえた今後の事業計画書等
　ⅲ）取扱い商品・サービスの業界内での評判等を示すマスコミ記事等
　ⅳ）取扱い商品・サービスの今後の市場規模や業界内シェアの拡大動向等
　ⅴ）取扱い商品・サービスの販売先や仕入れ先の状況、同業者との比較に
　　　基づく販売条件や仕入条件の優位性
②　事業環境
③　経営者の資質
④　後継者の有無・資質

⑤　従業員や労働組合との関係

⑥　取引先との関係

⑦　金融機関との取引状況

⑧　資金繰りに関する情報

⑨　その他情報不足（例：決算書の提出がない場合には保守的な判断を行う）

　ただし、実務的には、あくまでも補助的なポイントになる。一般的にはマイナスの要素は積極的に取り込むが、プラスの要素は具体的に収益や資金繰りにどういう影響を与えるかという点から反映させるといった慎重な取り扱いを行っていることが多い。

第3章　出題

■ 第81回関連出題 ■

第1問 (第81回)

　自己査定に関する以下の記述について、**最も適切な選択肢を一つ選びなさい。**

（1）通常、信用リスクを有するものであってもオフバランス項目については自己査定の対象外とされる。

（2）債務者の会計監査人による監査済の計算書類等を入手している場合にはそれ以外の財務データを追加で収集する必要はない。

（3）貸出関連資産の査定は全ての債務者について実施しなければならない。

（4）通常、貸出関連資産に含まれる資産項目毎に抽出基準を設定しなければならない。

（5）高格付先であっても、抽出基準に該当した場合は、原則として査定対象として抽出する。

解答：P.196

第2問 (第81回)

　実態貸借対照表の作成に関する次の記述について、**最も不適切な選択肢を一つ選びなさい。**

（1）実態貸借対照表の作成においては実態損益計算書の修正を反映させる必要がある。

（2）実態貸借対照表の作成は債務者区分が正常先の場合には不要である。

（3）実態貸借対照表によって実態純資産が算定できる。

（4）実態貸借対照表において、為替デリバティブの含み損は債務として認識する必要がある。

（5）実態貸借対照表において、固定資産の償却不足額は固定資産から減額する必要がある。

解答：P.196

第3問

　査定資料におけるキャッシュ・フローの算定に関する次の記述について、**最も不適切な選択肢を一つ選びなさい。**

（1）償還能力を判定するためのキャッシュ・フローは過去の実績を基礎に将来のキャッシュ・フローとして推定する。

（2）債務者がキャッシュ・フロー計算書を作成している場合は、償還能力の判断にはキャッシュ・フロー計算書の営業キャッシュ・フローを使用することができる。

（3）キャッシュ・フローと要償還債務の適正なバランスは業種によって異なっている。

（4）キャッシュ・フローは当期純利益に支払利息など非資金項目を調整して算定することができる。

（5）償還能力を判定するためのキャッシュ・フローは業種等によってはフリーキャッシュ・フローを使う方がよい場合もある。

解答：P.197

■ 第80回関連出題 ■

第4問

　査定の準備作業に関する次の記述について、**最も不適切な選択肢を一つ選びなさい。**

（1）営業店においては自己査定のためだけでなく通常の与信管理のためにも取引先データを整備しておく必要がある。

（2）債務者の会計監査人による監査済の計算書類等を入手している場合にはそれ以外の財務データを追加で収集する必要はない。

（3）業況不振の中小・零細企業等の債務者が経営改善計画を策定できない場合には金融機関が債務者に代わって将来見込み等の資料を作成し、それ

を前提に査定をすることができる。

（4）経営改善計画は全債務者について作成する必要はない。

（5）債務者の新規の決算データを入手した場合には早急に分析し、信用格付
や査定作業に利用できるようにしなければならない。

解答：P.197

第5問 （第80回）

　自己査定の進め方に関する次の記述について、最も不適切な選択肢を一つ選
びなさい。

（1）第二次の査定を営業店から独立した本部貸出承認部門が行っている場合
には内部監査部門の検証は不要である。

（2）自己査定は期末日以前の3カ月以内の日を仮基準日として実施すること
ができる。

（3）第一次の査定は通常、営業店及び本部営業部門において実施する。

（4）第二次の査定は通常、本部貸出承認部門において実施する。

（5）資産査定は毎期末を基準日として実施するが、随時に査定することも認
められている。

解答：P.198

第6問 （第80回）

　自己査定の準備作業に関する次の記述について、最も適切な選択肢を一つ選
びなさい。

（1）最低限用意すべき自己査定資料の種類は法定されており、限定列挙され
ている。

（2）自己査定において、必要な資料は債務者の状況によって異なっている。

（3）保証人の保証能力については貸出実行時にのみ確認すればよい。

（4）公的信用保証協会による保証であれば、その保証履行の範囲は100％であ
る。

173

（5）親会社の財務内容が良好でありさえすれば親会社の支援を勘案すること
　　ができる。

解答：P.198

第7問 （第80回）

　実態貸借対照表の作成に関する次の記述について、最も適切な選択肢を一つ
選びなさい。
（1）実態貸借対照表は債務者区分が破綻懸念先以下の債務者についてのみ必
　　要である。
（2）実態貸借対照表作成において、回収に懸念のある固定化営業債権につい
　　ては、相応の評価減を行う必要がある。
（3）実態貸借対照表において、資産はすべて時価評価する必要がある。
（4）実態貸借対照表において修正した金額は、すべて実態損益計算書で修正
　　する必要がある。
（5）実態貸借対照表によって算定するのは実態損益である。

解答：P.199

第8問 （第80回）

　実態損益計算書に関する次の記述について、最も不適切な選択肢を一つ選び
なさい。
（1）実態損益計算書においては、過去の調整後の実績を基礎に将来的な損益
　　を推定する。
（2）実態損益計算書によって算定する実態損益は、将来キャッシュ・フロー
　　算定の基礎となる。
（3）棚卸資産の含み損を調整する必要がある。
（4）実態損益計算書によって算定するのは、特別な要因を排除した経常的な
　　損益である。
（5）実態損益計算書は、債務者区分が要注意先以下の債務者についてのみ必

要である。

解答：P.199

第9問
（第80回）

　合実計画に関する次の記述について、最も適切な選択肢を一つ選びなさい。

（1）計画に基づく支援の内容が、将来の債権放棄を伴うものである場合には、既に支援による損失見込額を全額引当金として計上済みであっても、合実計画とは認められず破綻懸念先となる。

（2）経営改善計画の進捗状況が不芳であっても計画期間が概ね10年以内であれば、合実計画として認められる。

（3）計画終了時の債務者区分が要注意先である場合、その後は金融機関の再建支援を得て事業の継続性を確保することができる場合には合実計画と認められる。

（4）原則として、計画終了時の債務者区分は正常先であることが必要である。

（5）合実計画を策定した債務者に対する債権は貸出条件緩和債権に該当しない。

解答：P.199

■ 第78回関連出題 ■

第10問
（第78回）

　自己査定の準備作業に関する次の記述について、最も適切な選択肢を一つ選びなさい。

（1）自己査定資料として準備しなければならないものは、「貸出金調査表」（ラインシート）のみである。

（2）自己査定資料は、営業関連部門、自己査定管理部門のみで使用され、外部の者が閲覧することはない。

（3）正常先については分類する必要がないため、保全データの整備は行わなくてもよい。

（4）債務者の会計監査人による監査済の計算書類等を入手している場合には
それ以外の財務データを追加で収集する必要はない。

（5）債務者の新規の決算データを入手した場合には早急に分析し、信用格付
や査定作業に利用できるようにしなければならない。

解答：P.200

第11問 （第78回）

実態貸借対照表の作成に関して、以下の債務者の実態純資産を算定し、最も
適切な選択肢を一つ選びなさい。

貸借対照表

流動資産	5,000	流動負債	3,500
固定資産	25,000	固定負債	15,000
		純資産	11,500
計	30,000	計	30,000

・売掛金に回収不能額750があることが判明した。

・投資有価証券の評価損（未処理）1,000が発生していることが判明した。

・他社債務の保証250があることが判明した。（最終的な損失見込みは150）

（1）9,500

（2）9,600

（3）10,500

（4）11,600

（5）23,100

解答：P.200

第12問 （第78回）

実態貸借対照表の作成に関する次の記述について、最も適切な選択肢を一つ
選びなさい。

（1）実態貸借対照表において修正した金額は、すべて実態損益計算書で修正

する必要がある。

（2）実態貸借対照表において、繰延税金資産は全額減価しなければならない。

（3）実態貸借対照表において、為替デリバティブの含み損は債務として認識する必要がある。

（4）実態貸借対照表において、固定資産は原則として外部鑑定評価額によって評価しなければならない。

（5）債務者が中小・零細企業の場合、実態貸借対照表を作成する必要はない。

解答：P.201

第13問　　　　　　　　　　　　　　　　　　　　　（第78回）

実態損益計算書に関する次の記述について、最も適切な選択肢を一つ選びなさい。

（1）棚卸資産の含み損はキャッシュ・フローへの影響がないため、調整する必要はない。

（2）実態損益計算書によって算定するのは特別な要因を排除した経常的な損益である。

（3）不良債権の未償却額はキャッシュ・フローへの影響がないため、調整する必要はない。

（4）減価償却費の計上不足については、キャッシュ・フローへの影響がないため、調整する必要はない。

（5）実態損益計算書については債務者区分が破綻懸念先以下の債務者についてのみ必要である。

解答：P.201

第14問　　　　　　　　　　　　　　　　　　　　　（第78回）

債務者の定性評価に関する次の記述について、最も不適切な選択肢を一つ選びなさい。

（1）会社法上の大会社については、会計監査人の設置状況について留意する

必要がある。

（2）少数の大口取引先を抱えている債務者よりも、小口多数の取引先を抱えている債務者の方が定性判断上は高評価である。

（3）債務者の主な取引先については定期的に把握することによって、状況の変化に迅速に対応する必要がある。

（4）メインバンクの交代などがあった場合には、その理由が、債務者の業況等が悪化したことに伴うものではないか等に注意を要する。

（5）メインバンクのシェアが低下し、資金繰りに懸念がある場合には債務者区分の見直しを検討する必要がある。

解答：P.201

第15問 　　　　　　　　　　　　　　　　　　　　　　　　　　　（第78回）

　債務者の定性評価に関する次の記述について、最も不適切な選択肢を一つ選びなさい。

（1）経営者の資質に関する判断材料として、人材育成への取組み姿勢を判断材料とすることがある。

（2）経営者の資質に関する判断材料として、後継者の有無、資質について、留意する必要がある。

（3）企業の技術力、販売力、経営者の資質等を勘案するには、中小企業診断士等の外部評価が必要である。

（4）企業や従業員が有する特許権、実用新案権、商標権、著作権等の知的財産権を背景とした新規受注契約の状況や見込みを勘案することができる。

（5）新商品・サービスの開発や販売状況を踏まえた今後の事業計画書等を勘案することが必要である。

解答：P.202

第16問

　債務者区分の判断に関する次の記述について、最も不適切な選択肢を一つ選びなさい。

（1）償還能力は融資を実行する際の審査においては重要な項目であり、自己査定においても主要なチェックポイントである。

（2）不動産販売業者の場合、開発プロジェクトからの資金回収可能見込時期と債務償還時期とを勘案して償還能力を判断する必要がある。

（3）不動産賃貸業の場合には、要償還債務の返済年数が長期になる場合でも、当初から長期の融資期間が想定されており、問題のない場合もある。

（4）債務者区分の判断の目安となる債務償還年数は、監督指針、旧金融検査マニュアルにおいては明示されていない。

（5）要償還債務の債務償還年数が長期となっていても、単年度のキャッシュ・フローがプラスであれば、債務者区分判断において問題となることはない。

解答：P.202

第17問

　債務者区分の判断に関する次の記述について、最も不適切な選択肢を一つ選びなさい。

（1）中間決算や月次決算であっても、黒字化の確度が高い場合には、それに基づいて黒字と取り扱うことができる場合がある。

（2）赤字の原因が固定資産の売却損など一過性のものであり、短期的に黒字化することが確実と見込まれる場合は正常先と判断してよい。

（3）創業赤字であるが、黒字化する期間が概ね7年以内となっている計画があり、その計画に沿ったものであれば正常先と判断できる。

（4）創業赤字で当初事業計画と大幅な乖離がない債務者は正常先と判断できる場合がある。

（5）中小企業で赤字の原因が代表者等への高額な家賃・報酬であり、これを

削減することで赤字解消を図ることが可能な場合や代表者等の他の収入を返済原資にできることが明らかなど、実質的に赤字ではないと認められる場合には正常先と判断できる場合がある。

解答：P.203

■ 第77回関連出題 ■

第18問 （第77回）

　実態損益計算書に関する次の記述について、**最も不適切な選択肢を一つ選び
なさい。**

（1）実態損益計算書によって算定する実態損益は将来キャッシュ・フロー算
　　　定の基礎となる。

（2）棚卸資産の含み損を調整する必要がある。

（3）実態貸借対照表の作成においては実態損益計算書の修正を反映させる必
　　　要がある。

（4）実態損益計算書によって算定するのは特別な要因を排除した経常的な損
　　　益である。

（5）実態損益計算書は債務者区分が要注意先以下の債務者についてのみ必要
　　　である。

解答：P.203

第19問 （第77回）

　固定化営業債権について、Ｘ１年における回転期間を適正な回転期間とした
場合、Ｘ２年における回収不能見込額として、**最も適切な選択肢を一つ選びな
さい。**

財務諸表の数値

	Ｘ１年	Ｘ２年
P/L　売上高	300,000	240,000
B/S　営業債権	100,000	160,000

（１）60,000
（２）80,000
（３）100,000
（４）120,000
（５）160,000

解答：P.204

第20問 　　　　　　　　　　　　　　　　　　　　　　（第77回）

　中小・零細企業の査定に関する次の記述について、最も不適切な選択肢を一つ選びなさい。
（１）仕入先の手形が割り引かれているなど、融通手形の可能性が高い場合には注意を要する。
（２）少数の大口取引先を抱えている債務者よりも、小口多数の取引先を抱えている債務者の方が定性判断上は高評価である。
（３）会社法上の大会社について、会計監査人の設置が行われていない場合には経営者の誠実性に疑問があり、粉飾の可能性があるため、格付や債務者区分のランクダウンを検討する必要がある。
（４）債務者の会計監査人が交代している場合には、交代理由の把握に努める等、慎重な対応が必要である。
（５）業界、地域、競争等の外部の事業環境について留意する必要がある。

解答：P.204

第21問 　　　　　　　　　　　　　　　　　　　　　　（第77回）

　債務者区分の判断に関する次の記述について、最も不適切な選択肢を一つ選びなさい。
（１）経営者の資質に関する判断材料として、経営者の経営改善に対する取組み姿勢を判断材料とすることがある。
（２）経営者の資質に関する判断材料として、財務諸表など計算書類の質の向

上への取組み状況を判断材料とすることがある。

（3）経営者の資質に関する判断材料として、ＩＳＯ等の資格取得状況を判断材料とすることがある。

（4）経営者の資質に関する判断材料として、人材育成への取組み姿勢を判断材料とすることがある。

（5）債務者区分の判断に際して、企業の技術力、販売力、経営者の資質等を勘案するには、中小企業診断士等の外部評価が必要である。

解答：P.205

第22問 (第77回)

　キャッシュ・フローの把握に関する次の記述について、**最も不適切な選択肢を一つ選びなさい。**

（1）事業の継続のために恒常的に取替投資が必要な場合は、キャッシュ・フローの算定に際して取替投資に必要な金額を考慮する必要がある。

（2）債務者がキャッシュ・フロー計算書を作成している場合は、償還能力の判断にはキャッシュ・フロー計算書の営業キャッシュ・フローを使用することができる。

（3）キャッシュ・フローと要償還債務の適正なバランスは業種によって異なっている。

（4）キャッシュ・フローは当期純利益に支払利息など非資金項目を調整して算定することができる。

（5）営業用資産の売却が予定されている場合にはその売却によって発生するキャッシュ・フローと将来減少するキャッシュ・フローの両方を勘案する必要がある。

解答：P.205

第23問 （第77回）

以下の債務者についてのキャッシュ・フローとして、最も適切な選択肢を一つ選びなさい。

・経常利益　1,000
・減価償却費　80
・税金支払額　400

（1）1,000
（2）　920
（3）　680
（4）　600
（5）　520

解答：P.205

■ 模擬問題等 ■

第24問 （模擬問題）

自己査定のスケジュールに関する次の記述について、誤っている選択肢を一つ選びなさい。

（1）通常、自己査定の仮基準日は決算期末の3月と9月である。
（2）審査部等が作成した自己査定作業要領とスケジュールに従って、営業部門が対象先を抽出する。
（3）審査部等が検証し確定させた後、監査部等が再度検証することがある。
（4）仮基準日を設けずに債務者の状況の変化に応じて、適宜、信用格付、債務者区分及び分類区分等の見直しを行なうこともできる。
（5）自己査定のスケジュールの決定については、自己査定管理部門、償却・引当管理部門と経理（主計）部門との連携が必要である。

解答：P.206

（模擬問題）

査定作業に関する次の記述について、正しい選択肢を一つ選びなさい。

（1）営業店においては自己査定のためだけでなく通常の与信管理のためにも取引先データを整備しておく必要がある。

（2）債務者の正規の決算データが揃っている場合には財務データを追加で収集する必要はない。

（3）保全データについては、分類するために不可欠な破綻懸念先、実質破綻先及び破綻先についてだけ整備しておく必要がある。

（4）業況不振の零細企業については、代表者の家族等についての資産状況を把握する必要があるが、支援の意思確認までは不要である。

（5）住宅ローンについても、すべての債務者から毎年申告書等のデータを収集する必要がある。

解答：P.206

（模擬問題）

営業店における査定準備作業の留意点に関する次の記述について、誤っている選択肢を一つ選びなさい。

（1）自己査定を実施するために取引先概要表を作成しておくことが望ましい。

（2）資金使途の確認資料、返済財源の確認資料等貸出金の基礎データまでは必ずしも整えておく必要はない。

（3）零細先については、代表者や家族・役員の資産・収入状況等を把握しておく必要がある。

（4）企業グループを形成している中堅企業についてはグループ全体の業況を把握しておく必要がある。

（5）経営改善計画を策定している債務者について、計画の達成率が低い場合は、原因の分析等を行う必要がある。

解答：P.206

第27問　　　　　　　　　　　　　　　　　　　　　　（模擬問題）

　自己査定に必要な取引先データに関する次の記述について、誤っている選択肢を一つ選びなさい。
（1）取引先データは、自己査定のためだけでなく、通常の与信管理のためにも必要である。
（2）零細企業の場合、代表者の家族について資産の有無を確認すれば、家族に負債を負担する意思がなくても特段問題はない。
（3）取引先が経営改善見通しについての十分なデータを準備していない場合は、金融機関が取引先に代わって資料を作成することが必要な場合もある。
（4）取引先データは自己査定の基準日だけでなく常に更新することが望ましい。
（5）不良資産の有無の確認等のために、勘定科目明細表が必要な場合もある。

解答：P.207

第28問　　　　　　　　　　　　　　　　　　　　　　（模擬問題）

　自己査定の資料に関する次の記述について、誤っている選択肢を一つ選びなさい。
（1）実態貸借対照表は債務者区分が破綻懸念先以下の債務者についてのみ必要である。
（2）実態貸借対照表の作成においては実態損益計算書の修正を反映させる必要がある。
（3）実態貸借対照表の作成においては、必ずしもすべての資産を時価評価する必要はない。
（4）実態損益計算書においては過去の調整後の実績を基礎に将来的な損益を推定する。
（5）実態損益計算書によって算定する実態損益は将来キャッシュ・フロー算定の基礎となる。

解答：P.207

第29問 (模擬問題)

自己査定資料の意義に関する次の記述について、正しいものを一つ選びなさい。

（1）自己査定資料は、自己査定結果に対する自金融機関内部への説明責任を果たすための媒介としての意義のみを有している。

（2）自己査定資料の作成の巧拙と、その後の検証作業の効率性には特に関連性は認められない。

（3）自己査定の作業結果を明らかにするためには、考察の対象となった事象や事実を整理・把握するための資料のみならず、判断の過程を克明に記録した書類等をも完備しなければならない。

（4）自己査定資料は、金融当局の検査に対応するためにのみ作成する資料である。

（5）自己査定資料は、金融当局所定の様式で作成する必要がある。

解答：P.208

第30問 (模擬問題)

自己査定資料の種類に関する次の記述について、正しいものを一つ選びなさい。

（1）個々の債務者の状況により、具備すべき資料は異なる。

（2）自己査定資料の種類は法定されており、限定列挙される。

（3）自己査定資料として準備しなければならないものは、「貸出金調査表」（ラインシート）のみである。

（4）経営改善計画は全債務者について作成する必要がある。

（5）貸出条件緩和債権判定シートは全債務者について作成する必要がある。

解答：P.208

第31問　　　　　　　　　　　　　　　　　　　　　　　　（模擬問題）

　自己査定資料の整備に関する次の記述について、誤っている選択肢を一つ選びなさい。

（1）自己査定資料のファイリング方法は、できるだけ統一しておく方が望ましい。

（2）自己査定資料のファイリング方法として、結論を記載した資料をより上位にファイリングし、検討に用いた各種資料は下位にファイリングするのが望ましい。

（3）自己査定資料の整備は、二次査定部署において金融当局による検査の実施前に行う必要がある。

（4）自己査定資料は新規融資や条件改定の都度、更新しておくことが望ましい。

（5）自己査定資料は紙の他、電子媒体等で保存することも可能である。

解答：P.209

第32問　　　　　　　　　　　　　　　　　　　　　　　　（模擬問題）

　「貸出金調査表」（ラインシート）作成時の留意点に関する次の記述について、正しい選択肢を一つ選びなさい。

（1）「貸出金調査表」（ラインシート）には定量的な情報のみを記載し、定性的な情報を記載してはならない。

（2）「貸出金調査表」（ラインシート）における期別比較財務諸表からは、実質ベースの自己資本を読み取ることが困難な場合がある。

（3）債務者区分が正常先となる場合には、自己査定資料は、「貸出金調査表」（ラインシート）のみでよい。

（4）「貸出金調査表」（ラインシート）における期別比較財務諸表の基準日は常に査定基準日にする必要がある。

（5）「貸出金調査表」（ラインシート）において条件変更フラグが付された債権は貸出条件緩和債権となる。

解答：P.209

「貸出金調査表」(ラインシート) 利用時の留意点に関する次の記述について、誤っている選択肢を一つ選びなさい。

(1) 赤字が創業赤字であるかどうかを確認するためには債務者(法人)の創業日を確認する必要がある。

(2) 返済方法が一括弁済となっている場合には、必ず貸出条件の問題点が存在する。

(3) 債務者が法人の場合でも零細企業については代表者等の生年月日に留意する必要がある。

(4) 分割返済となっている貸出金については最終弁済金額に注意する必要がある。

(5) 要注意先の債務者について、手形貸付、当座貸越等がある場合は、短期同額継続に該当する可能性があるため注意する必要がある。

解答:P.210

「債務者概況表」作成時の留意点に関する次の記述について、正しい選択肢を一つ選びなさい。

(1)「債務者概況表」は、債務者区分が正常先で問題のない債務者の場合には作成不要である。

(2)「債務者概況表」には、いずれの債務者に関しても同一のポイントについて記載される。

(3)「債務者概況表」を作成する際には、「貸出金調査表」(ラインシート) などの限界を念頭において、それを補完できるよう留意しなければならない。

(4)「債務者概況表」は複数の債務者を一体査定する場合でも、それぞれの関係等は省略し、各債務者ごとに個別に作成されることが望ましい。

(5)「債務者概況表」には、客観的事実のみ記載し、将来見通し等の不確定事

象については記載するべきではない。

解答：P.210

第35問　　　　　　　　　　　　　　　　　　　　（模擬問題）

　自己査定資料としての「稟議書」に関する次の記述について、誤っている選択肢を一つ選びなさい。
（1）「稟議書」は、個々の債権を査定する上で必要な情報を提供するため、自己査定資料として添付する意義がある。
（2）「稟議書」は、新規実行時のほか、条件変更時、実現性の高い抜本的な計画の申請時等に作成される。
（3）「稟議書」は、貸出金が必要な承認を得た上で実行されていることを確認するために添付される資料である。
（4）「稟議書」は、自己査定のために作成される資料である。
（5）「稟議書」だけでは、貸出金の変遷が不明確な場合には債務更改表を作成することが望ましい。

解答：P.211

第36問　　　　　　　　　　　　　　　　　　　　（模擬問題）

　自己査定資料としての「経営改善計画」に関する次の記述について、正しい選択肢を一つ選びなさい。
（1）債務者が作成した「経営改善計画」がない場合には、債務者からのヒアリング等を通じて作成した経営改善計画に準じた見通しを、自己査定資料として添付することもある。
（2）経営改善計画の検討においては、債務返済計画を検証するだけでよい。
（3）経営改善計画の妥当性を検証することは、計画が正しいかどうかを決定することである。
（4）経営改善計画の合理性及び実現可能性は通常、正常先と要注意先の判断基準となる。

（5）経営改善計画の実績対比を、月次の試算表で行うことはモニタリングとして有用性が低く年次の決算書等で行う必要がある。

解答：P.211

第37問

（模擬問題）

債務者区分の判断に関する次の記述について、正しい選択肢を一つ選びなさい。

（1）短期に解消することが見込める場合でも、延滞が発生した場合は要注意先とする。

（2）業況が不振であっても担保設定している有価証券の価格が上昇し、債権が全額保全された債務者は正常先とする。

（3）業況が不振であっても、債権の全額が親会社の保証によって保全された債務者は正常先とする。

（4）中小・零細企業について合理的かつ実現可能性の高い経営改善計画が策定されていれば、要注意先とすることができる。

（5）貸出条件変更を行った場合、債務者区分は正常先にはならない。

解答：P.212

第38問

（模擬問題）

償還能力の判断に関する次の記述について、誤っている選択肢を一つ選びなさい。

（1）キャッシュ・フローは財務諸表の当期利益に減価償却費など非資金項目を調整して簡便的に算定する方法がある。

（2）キャッシュ・フローは月次の資金繰表などによっても把握することができる。

（3）要償還債務の返済見込年数が長期になっていても、単年度のキャッシュ・フローがプラスであれば査定においては問題としない。

（4）償還能力の判断基準は資金使途等に応じた返済原資によって異なる。

（5）債務者がキャッシュ・フロー計算書を作成している場合は、償還能力の判断にはキャッシュ・フロー計算書の営業キャッシュ・フローを使用することが望ましい場合がある。

解答：P.212

第39問　　　　　　　　　　　　　　　　　　　　　　　（模擬問題）

　キャッシュ・フローによる償還能力の判定に関する次の記述について、正しい選択肢を選びなさい。

（1）不動産賃貸業のように当初に建築費が多額にかかり、その後に長期にわたるキャッシュ・フローで返済するのが通常である業種についても、債務者区分の判断にあたっては他の業種と同様の返済期間を目安とすべきである。

（2）一般事業会社でキャッシュ・フローによる要償還債務の償還可能年数が長期にわたり、償還能力が劣ると判断される場合には、実質債務超過に陥っていない場合でも破綻懸念先になる可能性が高い。

（3）要償還債務の償還可能年数の算定による債務者区分の判断は、同じ業種で同一の償還能力の判定結果であれば、どの債務者も同じ債務者区分となる。

（4）不動産販売業の償還能力は要償還債務の償還可能年数によって判定し、それが長期にわたる場合でも問題ない。

（5）事業の継続に取替投資が必須となる業種については、キャッシュ・フローの算定において取替投資を加味する必要がある。

解答：P.213

第40問　　　　　　　　　　　　　　　　　　　　　　　（模擬問題）

　償還能力の判断において、自己資本に準じるものとして要償還債務から控除できる正常運転資金（運転資本）の算定方法に関する次の記述について、正しい選択肢を一つ選びなさい。

191

（1）仕入債務には、設備支払手形を含む。

（2）正常運転資金（運転資本）の売掛債権には、実態として資金を要していることから、不良資産の額も含んだもので計算する。

（3）正常運転資金（運転資本）は、破綻懸念先には存在しない。

（4）正常運転資金（運転資本）は通常、売上債権＋棚卸資産－仕入債務で求められる。

（5）正常運転資金（運転資本）の棚卸資産は、そのまま販売できる状態である製品や商品に限られており、原材料や仕掛品は含まない。

解答：P.213

第41問 （模擬問題）

　経営支援の状況を勘案した査定に関する次の記述について、正しい選択肢を一つ選びなさい。

（1）支援している親会社が正常先である場合、その子会社も正常先となる。

（2）経営支援については、金融面や人材面、販売仕入等、さまざまな角度から経営支援が行われている客観的事実と共に、支援母体が今後も経営支援を行う能力および意思を有していることが必要である。

（3）連結対象子会社や持分法適用の関連会社であれば、親会社の支援があると推定できる。

（4）親会社が共通である会社については、相互に支援することを前提とした査定ができる。

（5）親会社が支援しているが、保証をしていない場合には、子会社の査定において支援を考慮することはできない。

解答：P.214

第42問 （模擬問題）

　実態貸借対照表に関する次の記述について、正しい選択肢を一つ選びなさい。

（1）実態貸借対照表は債務者区分が破綻懸念先以下の債務者についてのみ必

要である。

（2）債務者が中小・零細企業の場合、実態貸借対照表を作成する必要はない。

（3）実態貸借対照表において、繰延税金資産は全額減価する必要がある。

（4）実態貸借対照表において、固定資産の償却不足額は固定資産から減額する必要がある。

（5）実態貸借対照表において、資産はすべて時価評価する必要がある。

解答：P.214

第43問

以下の債務者の実態純資産を算定し、正しい選択肢を一つ選びなさい。

＜貸借対照表＞

流動資産	10,000	流動負債	7,000
固定資産	40,000	固定負債	30,000
		純資産	13,000
計	50,000	計	50,000

・売掛金に回収不能額500があることが判明した。

・投資有価証券に評価損（未処理）1,000が発生していることが判明した。

・他社債務の保証500があることが判明した（最終的な損失見込みは300）。

・流動資産の中に、本来固定資産とすべき資産が2,000あることが判明した。

（1）9,000

（2）9,200

（3）11,000

（4）11,200

（5）48,000

解答：P.215

(模擬問題)

　自己査定におけるキャッシュ・フローの考え方に関する次の記述について、
誤っている選択肢を一つ選びなさい。

（1）キャッシュ・フローは、財務諸表の当期利益に減価償却費など非資金項
　　目を調整した金額として簡便的に算定する方法もある。

（2）キャッシュ・フローは、キャッシュ・フロー計算書や月次の資金繰表な
　　どによっても把握することができる。

（3）プロジェクト・ファイナンスにおいて当該プロジェクトのキャッシュ・
　　フローが赤字である場合でも、他のプロジェクトのキャッシュ・フロー
　　がプラスである場合には問題がない。

（4）キャッシュ・フローは過去数期における実績をもとに算定することがあ
　　る。

（5）中小・零細企業は、赤字や債務超過が生じていることや、貸出条件の変
　　更が行われているといった表面的な現象のみをもって、債務者区分を判
　　断することは適当ではなく、取引実績やキャッシュ・フローを重視して
　　検証する必要がある。

解答：P.215

(模擬問題)

　定性面を勘案した査定に関する次の記述について、誤っている選択肢を一つ
選びなさい。

（1）新商品・サービスの開発や販売状況を踏まえた今後の販売見込みは、計
　　画の形になって初めて勘案することができる。

（2）取扱い商品・サービスの今後の市場規模や業界内シェアの拡大動向等を
　　勘案することができる。

（3）中小・零細企業で後継者難であることが判明した場合には、債務者区分
　　の見直しを検討する必要がある。

（4）メインバンクのシェアが低下し、資金繰りに懸念がある場合には、債務

者区分の見直しを検討する必要がある。

（5）経営者の資質に問題がある場合には、債務者区分の見直しを検討する必
要がある。

解答：P.215

第3章 解答・解説

〔第1問〕

正　解：(5)　　　　　　　　　　　　　　　　　　正答率：77.3%

（1）信用リスクの管理上は、信用リスクを有する資産及びオフバランス項目についても原則として自己査定を行う必要がある。よって、誤り。

（2）査定時点における直近の試算表等、監査済計算書類等以外の財務データが必要な場合もある。よって、誤り。

（3）それぞれの金融機関において、抽出基準を設けて実施することができる。よって、誤り。

（4）通常、貸出関連資産に含まれる資産項目毎に抽出基準を設定せず、共通の抽出基準を設定する。よって、誤り。

（5）例えば、正常先のうち赤字計上先、要注意先のうち債務超過先等は、債務者区分の判断により慎重な判断が求められる。よって、正しい。

〔第2問〕

正　解：(2)　　　　　　　　　　　　　　　　　　正答率：83.9%

（1）貸借対照表と損益計算書については、双方を整合させる必要がある。よって、正しい。

（2）実態貸借対照表の作成は正常先においても原則として必要である。よって、誤り。

（3）設問記述のとおりである。よって、正しい。

（4）為替デリバティブの含み損等、オフバランスとなっている含み損を反映させる必要がある。よって、正しい。

（5）固定資産に償却不足がある場合、償却不足を減額して本来の簿価に修正する必要がある。よって、正しい。

〔第3問〕

正　解：（4）　　　　　　　　　　　　　　　　　　　　　　　正答率：68.4%

（1）償還能力の判定のためには、将来獲得が見込まれるキャッシュ・フロー
　　を推定する必要がある。よって、正しい。

（2）設問記述のとおりである。よって、正しい。なお、キャッシュ・フロー
　　計算書におけるキャッシュ・フロー以外にも、当期純損益に減価償却費等
　　の非資金項目を加えた簡便法キャッシュ・フローを用いても問題ない。

（3）例えば不動産賃貸業や装置産業等は、要償還債務返済年数が比較的長期
　　であっても適正水準となる場合がある。よって、正しい。

（4）設問に例示されている支払利息は、非資金項目ではない。よって、誤り。

（5）設問記述のとおりである。よって、正しい。なお、フリーキャッシュ・
　　フローは、営業キャッシュ・フローから投資キャッシュ・フローを控除し
　　たものとするのが一般的である。

〔第4問〕

正　解：（2）　　　　　　　　　　　　　　　　　　　　　　　正答率：92.1%

（1）通常の与信管理に使用する取引先データを、自己査定においても使用で
　　きるように整備しておくことが望ましい。よって、正しい。

（2）査定時点における直近の試算表等、監査済計算書類等以外の財務データ
　　が必要な場合もある。よって、誤り。

（3）中小・零細企業等の場合、企業の規模、人員等を勘案すると、大企業の
　　場合と同様な大部で精緻な経営改善計画等を策定できない場合があるが、
　　債務者が経営改善計画等を策定していない場合であっても、例えば、今後
　　の資産売却予定、役員報酬や諸経費の削減予定、新商品等の開発計画や収
　　支改善計画等のほか、債務者の実態に即して金融機関が作成・分析した資
　　料を踏まえて債務者区分の判断を行うことが必要である。よって、正しい。

（4）正常先等、経営改善の必要のない債務者については作成する必要はない。
　　よって、正しい。

（5）可能な限り最新の情報に基づいて、信用格付の更新や査定作業を行う必要がある。よって、正しい。

〔第5問〕

正　解：（1）　　　　　　　　　　　　　　　　　　　　正答率：88.2%

（1）内部監査部門の監査を受ける。よって、誤り。

（2）旧金融検査マニュアルに記載のとおりである。よって、正しい。

（3）営業店及び本部営業部門において第一次の査定を実施し、本部貸出承認部門において第二次の査定を実施した上で、営業関連部門から独立した部門がその適切性の検証を行う方法が認められている。よって、正しい。

（4）営業店及び本部営業部門において第一次の査定を実施し、本部貸出承認部門において第二次の査定を実施した上で、営業関連部門から独立した部門がその適切性の検証を行う方法が認められている。よって、正しい。

（5）随時に査定することも認められている。よって、正しい。

〔第6問〕

正　解：（2）　　　　　　　　　　　　　　　　　　　　正答率：86.5%

（1）疎明資料の種類は法定も限定列挙もされていない。よって、誤り。

（2）債務者の状況に応じて、説明すべき事項も千差万別であり、必要となる疎明資料も異なってくる。よって、正しい。

（3）不動産担保同様、少なくとも年に1回は保証人の保証能力をチェックする必要がある。よって、誤り。

（4）公的信用保証機関の保証の種類によっては保証履行の範囲が100%ではないものがある。よって、誤り。

（5）親会社の支援実績や、今後の支援見込み等についても検討する必要がある。よって、誤り。

〔第7問〕

正　解：（2）　　　　　　　　　　　　　　　　　　正答率：74.0%

（1）正常先や要注意先においても必要な場合がある。よって、誤り。

（2）資産性が認められない営業債権については評価減を行う。よって、正しい。

（3）例えば、継続企業ベースの実態貸借対照表の場合、営業用の固定資産は必ずしも時価評価する必要はない。よって、誤り。

（4）例えば過去の償却不足額があった場合であっても、当期の償却額が正しく計上されている場合は損益計算書を修正する必要はない。よって、誤り。

（5）実態貸借対照表によって算定されるのは実態純資産である。よって、誤り。

〔第8問〕

正　解：（5）　　　　　　　　　　　　　　　　　　正答率：86.5%

（1）最終的にはあくまで将来の損益を推定することが必要となる。よって、正しい。

（2）損益はキャッシュ・フローの重要な構成要素である。よって、正しい。

（3）実態に即した損益を算定する上で必要な調整方法である。よって、正しい。

（4）実態損益計算書の作成目的は特別な要因を排除した経常的な損益を把握することにある。よって、正しい。

（5）正常先においても原則として必要である。よって、誤り。

〔第9問〕

正　解：（4）　　　　　　　　　　　　　　　　　　正答率：24.3%

（1）計画に基づく支援の内容が、将来の債権放棄を伴うものである場合には、既に支援による損失見込額を全額引当金として計上済みで、今後は損失の

発生が見込まれない場合には要注意先にする余地がある。よって、誤り。

（2）経営改善計画の計画期間が概ね10年以内で、経営改善計画の進捗状況が概ね計画どおりであり、今後も概ね計画通りに推移すると認められる場合には合実計画と認められる余地がある。よって、誤り。

（3）計画期間終了時の債務者区分は要注意先であっても、自助努力により事業の継続性を確保できることが可能な状態であることが必要である。よって、誤り。

（4）旧金融検査マニュアルに記載のとおりである。よって、正しい。

（5）大企業については実現可能性の高い抜本的な計画の要件を満たす必要がある。よって、誤り。

〔第10問〕

正　解：（5）　　　　　　　　　　　　　　　　　　　　　正答率：94.5%

（1）「貸出金調査表」（ラインシート）は基本的な疎明資料であるが、それのみで自己査定結果を明らかにするには不十分である。よって、誤り。

（2）自己査定資料は、会計監査あるいは金融庁検査等のチェックを受ける際にも使用される。よって、誤り。

（3）正常先についても、例えば、要注意先にランクダウンした後の更改時に貸出条件緩和債権の判定を行う際には保全データが必要である。よって、誤り。

（4）査定時点における直近の試算表等、監査済計算書類等以外の財務データが必要な場合もある。よって、誤り。

（5）可能な限り最新の情報に基づいて、信用格付の更新や査定作業を行う必要がある。よって、正しい。

〔第11問〕

正　解：（2）　　　　　　　　　　　　　　　　　　　　　正答率：78.9%

純資産11,500 － 回収不能額 750 － 評価損（未処理）1,000 － 損失見込み

150 ＝9,600

〔第12問〕

正　解：（3）　　　　　　　　　　　　　　　　　　正答率：58.7%

（1）例えば過去の償却不足額があった場合であっても、当期の償却額が正しく計上されている場合は損益計算書を修正する必要はない。よって、誤り。

（2）ゴーイングコンサーンベースにおいて回収可能性が認められるのであれば、必ずしも減価する必要はない。よって、誤り。

（3）オフ・バランスとなっている含み損を反映させる必要がある。よって、正しい。

（4）必ずしも外部鑑定評価による必要はない。よって、誤り。

（5）中小零細企業も作成する必要がある。よって、誤り。

〔第13問〕

正　解：（2）　　　　　　　　　　　　　　　　　　正答率：86.4%

（1）棚卸資産の含み損は調整する必要がある。よって、誤り。

（2）実態損益計算書の作成目的は特別な要因を排除した経常的な損益を把握することにある。よって、正しい。

（3）不良債権の未償却額は調整する必要がある。よって、誤り。

（4）減価償却費の計上不足は調整する必要がある。よって、誤り。

（5）正常先や要注意先においても必要な場合がある。よって、誤り。

〔第14問〕

正　解：（2）　　　　　　　　　　　　　　　　　　正答率：77.8%

（1）会計監査人を設置している場合、決算書類の信頼性は高いと判断できる。よって、正しい。

（2）大口取引先は取引が安定していれば業況の安定にもつながる。一概にど

ちらがいいとは言えない。よって、誤り。

（3）取引先の変更が債務者の業績に影響を与える可能性があるため、モニタリングが必要となる。よって、正しい。

（4）他行が債務者に対するネガティブな情報を把握している場合もあるため、留意が必要となる。よって、正しい。

（5）資金繰りに懸念がある場合、資金繰り倒産のリスクが高いと考えられるため、債務者区分の見直しを検討する必要がある。よって、正しい。

〔第15問〕

正　解：（3）　　　　　　　　　　　　　　　　　　　　正答率：91.1%

（1）旧金融検査マニュアル別冊に記述のとおりである。正しい。

（2）特に人材不足の状態に陥りがちな中小零細企業では経営者が高齢になると後継者の有無や、その資質が企業の継続可能性を判断するための重要な材料となる。よって、正しい。

（3）金融機関の企業訪問、経営指導等の実施状況や企業・事業再生実績等を検証し、それらが良好であると認められる場合には、原則として、金融機関が企業訪問や経営指導等を通じて収集した情報に基づく当該金融機関の評価を尊重する。よって、誤り。

（4）旧金融検査マニュアル別冊に記載のとおりである。よって、正しい。

（5）旧金融検査マニュアル別冊に記載のとおりである。よって、正しい。

〔第16問〕

正　解：（5）　　　　　　　　　　　　　　　　　　　　正答率：84.3%

（1）償還能力は自己査定だけでなく、融資実行時の審査に置いても重要なチェックポイントである。よって、正しい。

（2）不動産販売業の場合、通常プロジェクトからの資金回収による返済を行う。よって、正しい。

（3）不動産賃貸業の場合、運転資金や通常の設備資金と比べ、貸出期間が長

期となる場合がある。よって、正しい。

（4）当局からの目安は示されていない。よって、正しい。

（5）債務償還年数が長期になれば、元本及び利息の最終の回収について重大な懸念が生じるため、債務者区分の判断において問題となる可能性がある。よって、誤り。

〔第17問〕

正　解：（3）　　　　　　　　　　　　　　　　　　正答率：78.1%

（1）必ずしも確定決算が出るまで黒字化を判断できないわけではない。よって、正しい。

（2）赤字の原因が固定資産の売却損など一過性のものであり、短期的に黒字化することが確実と見込まれる場合は正常先と判断してよい。ただし、一過性赤字の判断は慎重に行う必要がある。よって、正しい。

（3）黒字化する期間は概ね5年以内となっている必要がある。よって、誤り。

（4）創業赤字で当初事業計画と大幅な乖離がない債務者は正常先と判断できる。ただし、創業赤字の判断は金融検査マニュアル等にそって慎重に行う必要がある。よって、正しい。

（5）中小・零細企業の場合、実質的に赤字ではないと認められ今後黒字化可能な場合には正常先と判断してよい。ただし、実質的に赤字ではないという判断は慎重に行う必要がある。よって、正しい。

〔第18問〕

正　解：（5）　　　　　　　　　　　　　　　　　　正答率：88.7%

（1）損益はキャッシュ・フローの重要な構成要素である。よって、正しい。

（2）実態に即した損益を算定する上で必要な調整方法である。よって、正しい。

（3）貸借対照表と損益計算書については、双方を整合させる必要がある。よって、正しい。

（4）実態損益計算書の作成目的は特別な要因を排除した経常的な損益を把握することにある。よって、正しい。

（5）正常先においても原則として必要である。よって、誤り。

〔第19問〕

正　解：（2）　　　　　　　　　　　　　　　　　　　正答率：64.3%

X 1 年の回転期間　　100,000÷300,000×12カ月＝4カ月

X 2 年の適正残高　　240,000÷12カ月×4カ月＝80,000

回収不能見込額　　　160,000-80,000＝80,000

〔第20問〕

正　解：（2）　　　　　　　　　　　　　　　　　　　正答率：40.4%

（1）通常、割り引かれる手形は販売先からの受取手形であり、仕入先から手形を受取ることはない。よって、正しい。

（2）大口取引先は取引が安定していれば業況の安定にもつながる一方、倒産時の影響が大きくなるため、一概にどちらがいいとは言えない。よって、誤り。

（3）経営者の誠実性に疑問があり、粉飾の可能性があるため、ランクダウンを検討する必要がある。よって、正しい。

（4）可能な範囲で会計監査人の交代の理由を把握するよう努めることが重要である。よって、正しい。

（5）事業環境に関する情報は、赤字の解消見込み、将来キャッシュ・フロー見込み、再建計画の実現可能性などを判断する際の基礎情報となる。よって、正しい。

〔第21問〕

正　解：（5）　　　　　　　　　　　　　　　　正答率：87.1%

（1）～（4）旧金融検査マニュアル別冊に記述のとおりである。正しい。

（5）金融機関の企業訪問、経営指導等の実施状況や企業・事業再生実績等を検証し、それらが良好であると認められる場合には、原則として、金融機関が企業訪問や経営指導等を通じて収集した情報に基づく当該金融機関の評価を尊重する。よって、誤り。

〔第22問〕

正　解：（4）　　　　　　　　　　　　　　　　正答率：75.9%

（1）例えば、パチンコ業におけるパチンコ台等現状維持のための投資が不可欠な業種に限ってはその投資（取替投資）がないとキャッシュ・フローが安定して得られないため考慮する必要がある。よって、正しい。

（2）記述のとおりである。よって、正しい。なお、キャッシュ・フロー計算書におけるキャッシュ・フロー以外にも、当期純損益に減価償却費等の非資金項目を加えた簡便法キャッシュ・フローを用いても問題ない。

（3）例えば不動産賃貸業や装置産業等は、要償還債務返済年数が比較的長期であっても適正水準となる場合がある。よって、正しい。

（4）支払利息は非資金項目ではない。よって、誤り。

（5）通常営業用資産の売却により、営業キャッシュ・フローは減少するため、これを勘案する必要がある。よって、正しい。

〔第23問〕

正　解：（3）　　　　　　　　　　　　　　　　正答率：87.4%

経常利益　1,000＋減価償却費　80－税金支払額　400＝680

第3章

〔第24問〕

正　解：（1）　　　　　　　　　　　　　　　　　　　　　　　　　（模擬問題）

　自己査定の基準日は原則は決算日であるが、実務上は仮基準日を設けるケースが多く、それは決算期末日の3カ月前である6月、12月にすることが多い。この場合、仮基準日以降決算期末日までの債務者の概況の変化に応じて適宜見直す必要がある。よって、（1）は誤り。（2）、（3）、（4）、（5）は正しい。

〔第25問〕

正　解：（1）　　　　　　　　　　　　　　　　　　　　　　　　　（模擬問題）

（1）正しい。自己査定のためだけに入手する資料はない。本来、金融機関として入手しておかなければならない取引先のデータ、つまり新規貸出時や貸出継続時に妥当な与信判断をしたことを立証しうるデータを厳格に整備しておくことが基本となる。

（2）決算月によっては査定時点では古いデータとなっている可能性がある。その場合には追加でのデータ収集が必要である。よって、誤り。

（3）例えば、貸出条件緩和債権の判定には保全状況が必要である。よって、誤り。

（4）支援の意思確認が必要である。よって、誤り。

（5）住宅ローンについては、延滞状況等の簡易な基準により分類を行うことができるため、必ずしも全ての債務者から毎年申告書等を徴収する必要はない。よって、誤り。

〔第26問〕

正　解：（2）　　　　　　　　　　　　　　　　　　　　　　　　　（模擬問題）

　営業店においては、資金使途の確認資料、返済財源の確認資料等貸出金の基礎データについては必ず整えておく必要がある。したがって、（2）は誤り。（1）、（3）は正しい。（4）中堅以上の先については、企業グループ全体の連

結ベースでの財務把握も重要なポイントである。よって、正しい。（5）資産査定だけでなく、金融円滑化の観点からも、計画対比の分析は重要である。よって、正しい。

〔第27問〕

正　解：（2）　　　　　　　　　　　　　　　　　　　　（模擬問題）

（1）取引先データは与信に際して必要となる基本的な情報であり、通常の与信管理にも必要である。よって、正しい。

（2）零細企業の場合、代表者の家族について資産の有無を確認した後、当該家族に負債を負担する意思も確認する必要がある。よって、誤り。

（3）特に中小・零細企業等の場合は、債務者の実態に即して金融機関が作成・分析した資料を踏まえて債務者区分の判断を行うことが必要となる場合がある。よって、正しい。

（4）取引先データは、自己査定のためだけでなく、通常の与信管理のためにも必要であるため、常に更新することが望ましい。よって、正しい。

（5）売掛債権、棚卸資産等に重要性が高い場合は特に、不良資産の有無等を検討する必要がある。よって、正しい。

〔第28問〕

正　解：（1）　　　　　　　　　　　　　　　　　　　　（模擬問題）

（1）例えば、業況不振な要注意先が破綻懸念先に該当するかどうかという判断においても必要である。よって、誤り。

（2）例えば、減価償却不足額を実態損益計算書にて修正した場合は、実態貸借対照表において固定資産（減価償却累計額）を修正する必要がある。よって、正しい。

（3）継続企業ベースの実態貸借対照表の場合、営業用の固定資産は必ずしも時価評価する必要はない。よって、正しい。

（4）通常、実態損益計算書においては過去の実績から一過性の損益等を調整

した実績を基礎として将来的な損益を推定する。よって、正しい。

（5）通常、将来キャッシュ・フローは過去の実績から一過性の損益等を調整した実態損益計算書を基礎として算定する。よって、正しい。

〔第29問〕

正　解：（3）　　　　　　　　　　　　　　　　　　　　　　　（模擬問題）

（1）及び（4）自己査定資料が自金融機関内部のみならず、外部への説明責任を果たすための媒介としての意義を有しているため、誤りである。

（2）疎明資料を適切に作成している場合、検証作業に要する時間は大幅に短縮されることになるため、誤りである。

（3）正しい。資料をただ単に集めればよいのではなく、その資料をもとに何をどのように判断したのかを克明に記載する必要がある。

（5）自己査定資料の様式は、各金融機関の判断により作成することができるため、誤りである。

〔第30問〕

正　解：（1）　　　　　　　　　　　　　　　　　　　　　　　（模擬問題）

（1）正しい。債務者の状況に応じて、説明すべき事項も千差万別であり、必要となる疎明資料も異なってくる。

（2）疎明資料の種類は法定も限定列挙もされていないため、誤りである。

（3）「貸出金調査表」（ラインシート）は基本的な疎明資料であるが、それのみで自己査定結果を明らかにするには不十分であるため、誤りである。

（4）業況に問題がない等経営改善計画が必要とされない債務者については、作成不要である。よって、誤り。

（5）条件変更等を行っていない場合は作成不要である。よって、誤り。

〔第31問〕

正　解：（3）　　　　　　　　　　　　　　　　　　　　（模擬問題）

（1）資料のファイリング方法はできる限り統一することで、後の検証作業や検索作業を効率化できる。よって、正しい。

（2）検証作業時には、結論を上位にファイリングし、詳細な検討部分を下位にファイリングすることで、効率的な判断が可能となる。よって、正しい。

（3）自己査定資料の整備は、基本的に自己査定の一次査定において実施するものであり、誤りである。

（4）記述のとおりである。

（5）正しい。必ずしも紙ベースでの保存が必要とはされていない。

〔第32問〕

正　解：（2）　　　　　　　　　　　　　　　　　　　　（模擬問題）

（1）「貸出金調査表」（ラインシート）においても、後継者の有無、金融機関との取引状況などの定性的な情報を記載することがあるため、誤りである。

（2）正しい。「貸出金調査表」（ラインシート）における期別比較財務諸表には、通常債務者から入手した数値がそのまま入力されている。

（3）一次査定において債務者区分を正常先と判定しても、二次査定や監査においては、「債務者概況表」や、場合によっては「担保明細表」等の資料が必要となる場合もあるため、誤りである。

（4）「貸出金調査表」（ラインシート）における期別比較財務諸表の基準日は債務者の直近決算日となり、常に金融機関の査定基準日となるわけではない。よって、誤り。

（5）基準金利が確保されている場合や、実現性の高い抜本的な計画が策定されている場合等、条件変更がなされていても必ずしも条件緩和債権には該当しない場合がある。よって、誤り。

〔第33問〕

正　解：（2）　　　　　　　　　　　　　　　　　　　　　（模擬問題）

（1）正しい。創業赤字の場合には、債務者区分を正常先と判定する場合もある。

（2）返済方法が一括弁済となっている場合には、貸出条件の問題点が存在する可能性もあるが、資金使途や債務者の資力等に応じて、当初より一括弁済とされているケースもあり、誤りである。

（3）正しい。債務者が法人であっても、零細企業では代表者等の年齢を考慮する必要がある。

（4）正しい。分割返済の場合には最終弁済額が多額となっている、いわゆるテールヘビーになっていないかを確認する必要がある。

（5）正しい。手形の転がし、当貸のベタ貸し等に該当しないか確認する必要がある。

〔第34問〕

正　解：（3）　　　　　　　　　　　　　　　　　　　　　（模擬問題）

（1）問題のない先であっても、問題のないことを把握するためには、「債務者概況表」は必要であるため、誤りである。

（2）基本的なポイントは共通であるが、たとえば、条件緩和があれば、その内容については詳細に記載されるなど、債務者によってポイントが異なる。よって、誤り。

（3）「債務者概況表」は、「貸出金調査表」（ラインシート）の限界である定性面の情報を補強するものとの位置づけもあるので、正しい。

（4）一体査定する場合には、それぞれの関係や取引も含めて一体として作成することが望ましい。よって、誤り。

（5）例えば、赤字や延滞の解消の見込みなど、今後の業況の見通しについても記載することが望ましい。よって、誤り。

〔第35問〕

正　解：（4）　　　　　　　　　　　　　　　　　　　（模擬問題）

（1）正しい。「稟議書」は、個々の債権を査定する上で重要なポイントとなる当初貸出日、資金使途、返済財源、利益償還能力、返済期間などをもっとも詳細に入手できるものである。

（2）「稟議書」は、新規実行時のほか、条件変更時、実現性の高い抜本的な計画の申請時等に作成されるため、条件変更が支援目的ではないか、実現性の高い抜本的な計画について検討を行っているか等を確認することができる。

（3）「稟議書」本来の役割であるので、正しい。

（4）上記（3）のとおり、本来自己査定のために作成される資料ではない。よって、誤り。

（5）記述のとおりである。

〔第36問〕

正　解：（1）　　　　　　　　　　　　　　　　　　　（模擬問題）

（1）正しい。債務者が提出しなくとも、債務者からのヒアリング等を通じて経営改善計画等に準じた見通しを疎明資料として添付することもある。

（2）販売計画等も一体として検討することになるため、誤りである。

（3）経営改善計画等の妥当性の検証とは、通常、経営改善計画等が合理的な範囲に収まっていることを確認することであり、経営改善計画等のような将来事象について、その計画自体の正確性を立証することは通常困難であるため、誤りである。

（4）経営改善計画は通常、要注意先（要管理先含む）と破綻懸念先の判断基準となる。よって、誤り。

（5）試算表による月次での進捗管理も有用である。よって、誤り。

〔第37問〕

正　解：（4）　　　　　　　　　　　　　　　　　　　　（模擬問題）

（1）延滞が発生していても、短期に解消することが見込める場合などは要注意先にしないことができる。よって、誤り。

（2）保全の状況と債務者区分は原則として関係がない。よって、誤り。

（3）親会社の支援能力や保全能力等を勘案しなければならない。よって、誤り。

（4）正しい。中小・零細企業について、「合理的かつ実現可能性の高い経営改善計画」が策定されている場合には、要注意先とすることができる。また、当該計画を実現可能性の高い抜本的な計画とみなすこともできるため、貸出条件緩和債権にも該当しない。

（5）例えば、他の金融機関との競争上の観点から行われた条件変更等の場合は、正常先になる余地がある。よって、誤り。

〔第38問〕

正　解：（3）　　　　　　　　　　　　　　　　　　　　（模擬問題）

（1）キャッシュ・フロー計算書における営業キャッシュ・フローを用いるほか、当期利益に減価償却費など非資金項目を調整して算定する方法もある。よって、正しい。

（2）例えば、不動産販売業などは、今後の販売見込みを勘案した資金繰表によってキャッシュ・フローを把握する方法が適しているといえる。よって、正しい。

（3）単年度がプラスであっても返済見込年数が長期の場合には返済能力に問題があることも考えられる。よって、誤り。

（4）例えば、収益物件の建設資金の場合、収益物件からのキャッシュ・フローは比較的長期にわたり獲得できると見込まれることから、正常先と判断できる要償還債務の償還年数は設備投資資金等と比較して長期となる傾向にある。よって、正しい。

（5）キャッシュ・フロー計算書の営業キャッシュ・フローは、キャッシュ・
　　フローを把握するのに適切な場合がある。よって、正しい。ただし、棚卸
　　資産や債権債務の増減によって金額が変動するため、常に適切とはいえな
　　いことに注意が必要である。

〔第39問〕

正　解：（5）　　　　　　　　　　　　　　　　　　　　　　（模擬問題）

（1）償還年数が長期にわたる業種についても、要償還債務の償還可能年数は
　　債務者区分の判断にあたって重要なポイントとなる。ただし、目安となる
　　期間は、例えば製造業と比べると長期になる。よって、誤り。
（2）償還年数が長期にわたる場合でも実質債務超過に陥っていない場合には
　　要注意先に留まる場合が多い。よって、誤り。
（3）業種・償還能力の判定結果が同じであっても、業況が改善しているか、
　　あるいは悪化しているか等、債務者によっては状況が異なるため、常に同
　　じ債務者区分となるわけではない。よって、誤り。
（4）不動産販売業の償還能力は要償還債務の償還可能年数によって判定する
　　ことは困難であることが多い。よって、誤り。
（5）正しい。例えばパチンコ業におけるパチンコ台や、運送業における車両
　　など、事業の継続のためには定期的な取替投資が必要となる業種について
　　は、キャッシュ・フローの算定上加味する必要がある。

〔第40問〕

正　解：（4）　　　　　　　　　　　　　　　　　　　　　　（模擬問題）

（1）設備支払手形は含まない。よって、誤り。
（2）正常運転資金（運転資本）の計算においては、不良資産等は控除して計
　　算する。よって、誤り。
（3）破綻懸念先であっても、業種によっては、正常運転資金（運転資本）は
　　存在する。よって、誤り。ただし、分類対象外貸出金として非分類とする

第3章

ことはない。

（4）正しい。ここでは、分類対象外貸出金としての正常運転資金ではないため、シェアを乗じていないことに注意する。

（5）通常は原材料や仕掛品も含む。よって、誤り。

〔第41問〕

正　解：（2）　　　　　　　　　　　　　　　　　　　　（模擬問題）

（1）（3）（4）連結対象子会社や持分法適用の関連会社、あるいは兄弟会社であっても、親会社等の支援能力や支援方針によって信用力が異なる。よって、誤り。

（2）記述のとおりである。正しい。

（5）支援の意思が確認できれば、必ずしも親会社の保証がなくても子会社の査定において支援を考慮することができる。よって、誤り。

〔第42問〕

正　解：（4）　　　　　　　　　　　　　　　　　　　　（模擬問題）

（1）正常先や要注意先においても必要な場合がある。よって、誤り。

（2）中小・零細企業も必要に応じて代表者等と一体で作成する必要がある。よって、誤り。

（3）回収可能性が認められるのであれば、必ずしも減価する必要はない。よって、誤り。

（4）固定資産に償却不足がある場合、償却不足を減額して本来の簿価に修正する必要がある。よって、正しい。

（5）継続企業ベースの実態貸借対照表の場合、営業用の固定資産は必ずしも時価評価する必要はない。よって、誤り。

〔第43問〕

正　解：（4）　　　　　　　　　　　　　　　　　　　（模擬問題）

純資産 $13,000 - 500 - 1,000 - 300 = 11,200$

〔第44問〕

正　解：（3）　　　　　　　　　　　　　　　　　　　（模擬問題）

（1）キャッシュ・フロー計算書における営業キャッシュ・フローを用いるほか、当期利益に減価償却費など非資金項目を調整して算定する方法もある。よって、正しい。

（2）例えば、上場企業等ではキャッシュ・フロー計算書を作成していることから、自己査定におけるキャッシュ・フローの把握においてこれを利用することも考えられる。また不動産販売業などは、今後の販売見込みを勘案した資金繰表によってキャッシュ・フローを把握する方法が適しているといえる。よって、正しい。

（3）プロジェクト・ファイナンスの場合には、原則として融資対象のプロジェクトのキャッシュ・フローによって判断する。よって、誤り。

（4）キャッシュ・フローの変動が大きい場合には、過去数期における実績をもとに算定することも考えられる。よって、正しい。

（5）中小・零細企業の経営・財務面の特性や中小・零細企業に特有の融資形態を踏まえ、赤字や債務超過が生じていることや、貸出条件の変更が行われているといった表面的な現象のみをもって、債務者区分を判断することは適当ではなく、取引実績やキャッシュ・フローを重視して検証する必要がある。よって、正しい。

〔第45問〕

正　解：（1）　　　　　　　　　　　　　　　　　　　（模擬問題）

（1）見込みとして合理的であれば、計画になっていなくともよい。よって、

誤り。

（2）債務者の技術力や販売力等の定性情報については、あらゆる判断材料の把握に努め、それらを総合勘案して債務者区分の判断を行うことが必要である。その中で、取扱い商品・サービスの今後の市場規模や業界内シェアの拡大動向等も勘案することができる。よって、正しい。

（3）中小・零細企業で後継者難の場合、廃業等のリスクが高いと考えられるため、債務者区分の見直しを検討する必要がある。よって、正しい。

（4）資金繰りに懸念がある場合、資金繰り倒産のリスクが高いと考えられるため、債務者区分の見直しを検討する必要がある。よって、正しい。

（5）経営者の資質に問題がある場合、今後の経営上の問題が発生するリスクが高いと考えられるため、債務者区分の見直しを検討する必要がある。よって、正しい。

金融検査マニュアル廃止による
自己査定と償却・引当への影響

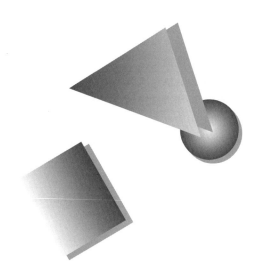

第4章

～学習の手引き（第4章)～

テーマ	80回	81回
1．はじめに		
2．融資に関する検査・監督の現状と課題		
（1）バブル崩壊後の検査・監督		
（2）金融機関の現状と課題に合わせた検査・監督		
3．融資に関する検査・監督の基本的な考え方		
（1）金融機関の健全性と金融仲介機能の発揮との関係		
（2）金融機関の個性・特性に即した検査・監督		
（3）将来を見据えた信用リスクの特定・評価の重要性		
4．融資に関する検査・監督の進め方		
（1）金融機関の個性・特性に即した業態把握と対話		○
（2）今後の融資に関する検査・監督の進め方のイメージ	○	○
5．信用リスク情報の引当への反映		
（1）基本的な視点		
（2）一般貸倒引当金の見積りにあたっての視点	○	○
（3）個別貸倒引当金の見積りにあたっての視点		
6．融資に関する検査・監督に関する当局の態勢整備		
（1）当局の評価能力の向上		
（2）見積りプロセスの検証を前提として金融機関の経営陣の判断の尊重		
7．会計監査人との関係		
8．融資に関する検査・監督実務についての今後の課題		

・2022年12月、わが国の銀行等金融機関の自己査定や償却・引当に関する実務上の指針とされてきた「金融検査マニュアル」が廃止され、新たにディスカッション・パーパー「検査マニュアル廃止後の融資に関する検査・監督の考え方と進め方」（以下、ＤＰ）が公表された。

・50回試験では2題、51回試験では3題の出題があった。今後も引続き、複数問の出題が予想される。

1．DP公表まで

　金融庁は、2019年12月18日にディスカッションペーパー「検査マニュアル廃止後の融資に関する検査・監督の考え方と進め方」[*1]（以下「DP」という）を公表した。DPの公表経緯を振り返ると、金融庁は2018年6月29日に公表した「金融検査・監督の考え方と進め方（検査・監督基本方針）」[*2]において、個々のテーマ・分野ごとに具体的な考え方と進め方を議論するための材料を文書の形で示すこととしていた。上記のテーマ・分野のうち、銀行等金融機関の融資に関する検査・監督については、金融庁が2018年7月以降に関係者や有識者からなる「融資に関する検査・監督の実務についての研究会[*3]」を計4回開催して議論を重ねてきた。

　DPは、上記研究会における議論の内容を踏まえ、融資の観点から「金融システムの安定」と「金融仲介機能の発揮」のバランスの取れた実現を目指す金融庁の検査・監督の考え方と進め方を整理したものと位置付けられる。本稿では、DPの概要について、特に1999年に「金融検査マニュアル」が発出されて以来、実質的に我が国の銀行等金融機関の自己査定や償却・引当に関する実務上の指針とされてきた別表に示されている内容の取扱いに関する影響に留意して解説を進めることとしたい。なお、本記事は執筆者の私見であり、所属する有限責任監査法人トーマツの公式見解ではないことを予めお断りする。

2．DPの骨子

(1) 従来の検査・監督に関する当局の問題意識

　金融庁は、旧検査マニュアルの硬直的な運用が、実態バランスシートベースの債務者区分判定と過去実績や財務データ等を重視し、金融機関による自己査

---

* 1　https://www.fsa.go.jp/news/r1/yuushidp/yushidp_final.pdf
* 2　概要については、「金融庁「金融検査監督の考え方と進め方（検査・監督基本方針）」（案）の解説」参照。（トーマツ　会計情報、2018年2月号（Vol.498）、リンク先：https://www2.deloitte.com/content/dam/Deloitte/jp/Documents/get-connected/pub/atc/201802/jp-atc-kaikeijyoho-201802-05.pdf）
* 3　https://www.fsa.go.jp/singi/yuusiken/index.html

定や償却・引当の検討プロセスの細目を指摘する検査の風潮を助長してきたと考えている。また、そのような風潮に対して、金融機関は担保・保証へ過度に依存した融資方針の傾向を強め、その結果として貸出先の事業に対する目利き力の低下といった影響を及ぼしたと分析している。つまり、不良債権問題を解消するために金融機関の自己査定や償却・引当を画一的に検査するために作成された旧金融検査マニュアルが、過去の貸倒実績を偏重して引当を見積る実務を広く定着させる状況を招き、金融機関が実態に即した将来の貸倒れリスクを適時適切に認識して引当へ反映する柔軟な運用が困難になったという仮説を置いている。尤も、近年の金融庁検査は、各金融機関による自己査定の結果を基本的に尊重する姿勢で実施されてきており、償却・引当に関しては、日本銀行の金融システムレポート別冊で実施したアンケート調査結果[*4]において示されている通り、太宗の地域金融機関が、会計ルールに準拠しつつ、将来に対する備えとして引当方法に係る何らかの見直しをすでに対応していることから、DPで示されている金融庁の問題意識は業界サイドにおいても十分に認識されているところと推察される。

（2）DPが志向する今後の検査・監督に関する基本的な考え方

　上記の問題意識を踏まえ、金融庁は、償却・引当を含む融資全般に関する今後の検査・監督の進め方として、各金融機関の置かれた経営環境を背景に、経営理念から出発する融資ビジネスに係る一連のプロセスについて、将来を見据えたビジネスモデルの持続可能性の観点から対話を行っていく方向性を打ち出している。

　銀行等金融機関は、人口減少・高齢化の進展、超低金利環境の長期化等に起因する厳しい経営環境に置かれており、従来と同じ前提で預貸業務の収益性を改善していくことは極めて困難な情勢にある。したがって、金融庁は、DPに基づく銀行等金融機関の融資に関する検査・監督の進め方を整理した図表4－1の左サイドに示されているとおり、各金融機関が、経営理念にまで遡って融資ビジネスに係る経営戦略、融資方針、内部管理態勢、リスク管理、融資実務、

[*4]　「金融システムレポート」（2019年10月、日本銀行）P 47

図表4－1　融資に関する検査・監督の進め方

金融機関のおかれた経営環境を背景に、経営理念から出発して、経営戦略、融資方針、内部管理態勢、リスク管理、融資実務、引当、経営資源の配分について、将来を見据えたビジネスモデルの持続可能性の観点から対話を行う。

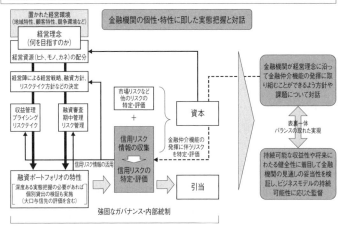

（出典）DP（P13）に掲載されている図を元に筆者編集

引当、経営資源の配分について再点検するよう求めている。

　また、超低金利環境の長期化や比較的良好な景気状況の下で銀行等金融機関の与信コストは低位で推移してきたところ、日本銀行が公表した直近の金融システムレポート[*5]において「金融機関の信用コスト率（信用コスト／貸出残高）は、引き続き低水準ながら地域金融機関を中心に、上昇に転じている」旨に言及している。金融庁は、クレジット循環の局面変化も視野に入れた場合、将来的に信用状態が大きく悪化する潜在リスクにも対応できるよう、上記のプロセスの中で、多様化・複雑化する融資ポートフォリオに内在する不確実性要因に関し、これまで以上に信用リスク情報を活用することで適時適切なリスクの特定及び評価を促しているものと解される。

＊5　「金融システムレポート別冊シリーズ　地域金融機関における貸倒引当金算定方法の見直し状況」
　　（2018年4月、日本銀行　金融機構局）P2

3．償却・引当に関する検討上の留意点

（1）基本的な留意点

　金融検査マニュアルの廃止に伴い、現行の償却・引当に対する実務影響に留意してDPの要旨をまとめると、①旧金融検査マニュアルに基づいて定着した現状の引当実務（主に過去実績を基に算定）は否定されないこと、及び②旧検査マニュアルに記載がなくとも、各金融機関の創意工夫に基づいて、足元や将来の情報に基づきより的確な引当と早期の支援を可能にすること、の2点に集約される。

　①に関しては、DPの別紙として「自己査定・償却・引当の現状の枠組み」が示され、旧金融検査マニュアルに定められた自己査定（債務者区分や債権分類等）や償却・引当（一般貸倒引当金や個別貸倒引当金の算定方法等）に関する基本ルールを再掲して、現行の引当実務を継続することを直ちに否定するものではないことを再確認している。旧金融検査マニュアルは、金融監督庁（現金融庁）による金融検査を通じて、銀行等金融機関の償却・引当実務に大きな影響を与えてきたものである一方、その策定経緯に照らすと本来的な位置づけは検査官の手引きである。したがって、金融検査マニュアルの廃止を以って現行の会計基準が直接影響を受けるものではなく、現行の償却・引当実務が会計基準に則っている限り否定されることがないのは当然であるといえる。裏返して言えば、金融検査マニュアルが廃止されたからという理由で、会計基準に反した会計処理が容認されるわけでもない点に留意が必要である。

　②に関しては、上記2．（2）の基本的な考え方で述べたように、各金融機関の置かれた経営環境を背景に、将来を見据えたビジネスモデルの持続可能性の観点から対話を行う旨が示されている。したがって、足元や将来の情報を反映して十分かつ適切に引当を計上するという最終ゴールへ到達するまでには少なくとも以下のプロセスを点検する必要がある。

ａ．経営戦略・融資方針

　上記2．（2）で述べたように、融資ビジネスを取り巻く経営環境の重大な変化に対応しつつ、金融仲介機能を発揮し続けるため、まず各金融機関の経営

陣は、自社の経営環境と経営理念に基づいて経営戦略、融資方針が決定されているかを再点検することが求められる。点検に当たっては、他の金融機関の動向を過度に意識する結果として、自社の融資ビジネスが包含する地域特性、顧客特性、競争環境等が適切に勘案されない事態に陥らないよう、まさに自社のポリシーを再確認することが重要である。リスクテイクの方針に基づき、リスクアペタイトの設定や収益管理・プライシング等についても見直し要否が検討されるものと考える。

ｂ．リスク管理態勢

　上記の経営戦略や融資方針を実行に移すうえで、リスク管理所管部が、融資審査、期中管理や信用リスク管理に係る基本方針や細則の見直し要否を検討することになると考えられる。リスク管理態勢の高度化を検討する際には、上記２．（２）で述べたように、特に信用リスク情報を活用することで適時適切なリスクの特定及び評価を行えるよう、利用可能な全ての情報を選定・蓄積し、その利用方法を適切に検証することが重要である。

ｃ．引当への反映方法

　上記ｂ．で選定・蓄積した信用リスク情報のうち財務報告プロセスに利用可能である合理的で裏付け可能なものを反映しつつ、会計基準に基づいて、引当水準の十分性に留意した最善の見積り方法を検討していくことになる。詳細は下記（２）以降で考察することとする。

　このように、上記ａ．からｃ．の融資ビジネスに係る一連のフローが整合的に評価された結果として適切な将来の信用損失が見積られることが最も重要であり、経営陣の将来に向けた経営ビジョンのもとで営業所管部、リスク管理所管部及び経理担当部署が連携して組織横断的に取組むべき経営課題であると考える。

（２）一般貸倒引当金に関する留意点

　DPが一般貸倒引当金に関して言及しているポイントとしては、ａ．信用リスク情報の引当への反映に関する考え方、ｂ．集合的に見積もることが適切な債権に関する考え方、ｃ．個社に帰属しない足元や将来の情報の引当への反映の例、ｄ．大口与信先債権についての考え方の4項目に大別される。以下で各

項目について考察する。

ａ．信用リスク情報の引当への反映に関する考え方

　金融庁は、引当に反映する信用リスク情報を、図表４－２に示すとおり、時系列の観点から「過去実績」、「足元の情報」、「将来の情報」に大別し、さらに「個社の定量情報」と「個社の定性情報」を区分して整理している。このうち、一般的に過去実績と個社の定量情報及び定性情報については、これまでの引当実務にも反映されてきたが、上記２．（１）でも述べたように、過去実績や財務データを重視した見積り方法では、信用リスクに重大な変化が生じた場合に、その影響を引当へ機動的に反映することが難しいことから、足元の情報やフォワードルッキングな観点に基づく将来の情報を見積りに反映できるよう各金融機関に創意工夫を促している。

図表４－２　信用リスク情報の引当への反映について
　信用リスクに係る情報の例

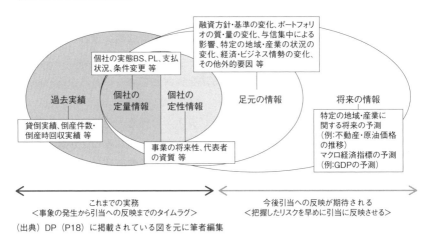

（出典）DP（P18）に掲載されている図を元に筆者編集

　足元の情報については、一般的に信用格付へ反映している実務が多いと考えられる一方、信用格付の検討プロセスでは捕捉されない情報が生じていないかという視点や、信用格付へ反映した内容が結果的として引当計算には考慮されているかという視点から見直す意味があると考える。

　また、必要な場合には将来の情報を反映すべき点については、旧検査マニュアル（下記（参考１）に抜粋）において明示されているとおり、ルール上は従前から要請されていたものである。日本公認会計士協会（以下「JICPA」という）が公表する銀行等監査特別委員会報告第４号「銀行等金融機関の資産の自己査定並びに貸倒償却及び貸倒引当金の監査に関する実務指針」（以下「銀行等監査特別委員会報告第４号」という）においても、必要な場合には将来の情報を反映するよう要請していたが、金融検査マニュアルの廃止とDPの公表を受けた改定が2020年３月に公表され、その中において「貸倒実績率又は倒産確率による貸倒引当金の計上における将来見込み等」に関する定めを追加している（下記（参考２）に抜粋）。将来の情報を引当へ反映するには実務上の検討課題が多い一方、上記２.（２）で述べたように、クレジット循環の局面変化も視野に入れた場合、将来的に信用状態が大きく悪化する潜在リスクに対応するうえで、合理的で裏付け可能な情報については引当へ反映するよう求める銀行監督上の要請を改めてアナウンスする意図があると考えられる。加えて、国際的な会計基準に着目すると、国際財務報告基準（IFRS）では、将来予測を反映した予想信用損失の算定を求めるIFRS第９号「金融商品」（2014年）が2018年１月１日以降開始される事業年度より適用されており、米国会計基準でも、予想信用損失を見積る際、キャッシュ・フローの回収可能性の評価に関連する利用可能な情報を考慮することで将来予測も反映されるよう求める会計基準更新書（ASU）第2016-13号「金融商品－信用損失（Topic326）：金融商品の信用損失の測定」が（米国証券取引委員会（SEC）登録企業については）2019年12月16日以降開始する事業年度より適用されている。日本基準に関しては、企業会計基準委員会（以下「ASBJ」という）が我が国の会計基準を国際的に整合性のあるものとする取組みの一環として、2019年10月に予想信用損失モデルに基づく金融資産の減損についての会計基準の開発に着手することを決定している（ただし、開発の目標時期は未定）[6]であるが、DPはすでに国際的な会計基準の適用が開始されている中で検討及び導入される引当実務が参考にされることも念頭に置かれているものと推察する。

第4章

---

[6]　「現在開発中の会計基準に関する今後の計画」（2019年10月30日、企業会計基準委員会）

（参考1*7）

> 予想損失率は、経済状況の変化、融資方針の変更、ポートフォリオの構成の変化（信用格付別、債務者の業種別、債務者の地域別、債権の金額別、債務者の規模別、債務者の個人・法人の別、債権の保全状況別等の構成の変化）等を斟酌の上、過去の貸倒実績率又は倒産確率に将来の予測を踏まえた必要な修正を行い、決定する。
>
> 　特に、経済状況が急激に悪化している場合には、貸倒実績率又は倒産確率の算定期間の採用に当たり、直近の算定期間のウェイトを高める方法、最近の期間における貸倒実績率又は倒産確率の増加率を考慮し予想損失率を調整するなどの方法により、決定する。

（下線は筆者による）

（参考2*8）

> ③貸倒実績率又は倒産確率による貸倒引当金の計上における将来見込み等
> 　必要な修正及び貸倒実績率又は倒産確率の補正貸倒実績率又は倒産確率による貸倒引当金の計上の具体的計算方法について、以下にその一例を示す。
>
> 　今後1年間の予想損失額は、1年間の貸倒実績又は倒産実績を基礎とした貸倒実績率又は倒産確率の過去3算定期間の平均値に基づき損失率を求め、これに将来見込み等必要な修正を加えて算定する。
>
> 　今後3年間の予想損失額は、3年間の貸倒実績又は倒産実績を基礎とした貸倒実績率又は倒産確率の過去3算定期間の平均値に基づき損失率を求め、これに将来見込み等必要な修正を加えて算定する。
>
> 　金融機関の保有する債権の信用リスクが毎期同程度であれば、将来発生する損失の見積りに当たって、過去の実績率を用いることが適切であるが、期末日現在に保有する債権の信用リスクが、金融機関の債権に影響を与える外部環境等の変化により過去に有していた債権の信用リスクと著しく異

＊7　「償却・引当（別表2）、1.（1）一般貸倒引当金」（検査マニュアル、金融庁）
＊8　「銀行等監査特別委員会報告第4号、Ⅵ貸倒償却及び貸倒引当金の計上に関する監査上の取扱い（注3）」

> なる場合には、過去の実績率を補正することが必要である（金融商品会計
> に関する実務指針第111項参照）。
>
> 　金融機関が信用リスクをより的確に引当に反映するため、上記の将来見
> 込み等必要な修正及び過去の実績率の補正を行う場合、現状は、会計基準
> 等において具体的に明示された方法がないことから、経営者の判断による
> ことになる。この場合、例えば以下の点に留意が必要である。
> ・金融機関に貸倒引当金の見積プロセスや見積結果の承認を行う仕組みが
> 　導入されているか。
> ・金融機関の経営陣に偏りのない情報が提供される体制が整備されている
> 　か。

（下線は筆者による）

　なお、信用リスクに関する情報は、主観的な判断や恣意的な偏向が介入する
リスクを伴うことから、DPはこれを適切に反映するうえで以下に掲げる3つの
留意点を示している。

（ア）内外の検証可能性

　事実に基づく経営陣の判断に係る適切な文書化とともに、事実については、
基本的に金融機関が自ら保有しているものを用いることが考えられるが、必要
に応じて、外部の共通データベース（CRITS[*9]、SDB[*10]等）の情報を利用す
ることも想定されている。

（イ）見積りプロセスの公正性（ガバナンス等）

　ガバナンス等のポイントとして、（a）融資方針と整合した引当の見積りに
関する方針の整備、（b）リスクの発生源である事業部門等における偏りや不
足のない情報収集・評価、（c）リスク管理部門における、多角的な視点から
引当の見積りに関する議論と経営宛報告、（d）内部監査部門における、ビジ
ネスモデルに基づくリスク・アセスメントおよび引当の見積りまでのプロセス

[*9]　一般社団法人全国地方銀行協会が運営する信用リスク情報統合サービス（Credit Risk Information Total Service）の略称

[*10]　信金中央金庫が運営する信用金庫業界の中小企業信用リスクデータベース（Shinkin Data Bank）の略称

等に関するモニタリング等の4点に言及している。

　（ウ）財務諸表利用者にとっての比較可能性

　開示に関しては、各金融機関の創意工夫に基づき、多様な償却・引当が行われると想定されることから、投資家にその内容が理解されるよう開示・注記の充実が要請されている。詳細は下記3．（4）参照。

b．集合的に見積もることが適切な債権に関する考え方

　所謂グルーピングは、貸倒引当金の算定対象となる個々の債権が膨大な数になる上、将来の見積りには不確実性が伴うため、統計的な手法を用いることで全体として見積りの精度を高めることを目的に行うものである。したがって、引当の見積りに当たっては、共通の信用リスク特性を有する債権群を別グループとして識別する必要があり、現状の実務を出発点とした事例として、DPでは、債務者区分の中でのグルーピング（業種、地域、資金使途、貸出商品、メイン先・非メイン先、与信額、内部格付等）や、債務者区分を横断するグルーピング（景気変動等の影響を受けて債務者区分が変動しやすい貸出先を切り出して別グループで評価）が挙げられている。

　また、上記a．との関係では、各金融機関が融資ポートフォリオの重要な信用リスク情報を引当に反映し易くするような適切な方法を用いるべきである一方、債務者の数や債権額が限定的なポートフォリオを過度に細分化すると、1グループ当たりの母集団の数が減少して統計的な効果が引当算定に反映されない事態に陥る可能性があることに留意する必要がある。

c．個社に帰属しない足元や将来の情報の引当への反映の例

　DPでは、個社に帰属しない足元や将来の情報の類型として次の3点が挙げられている。

（ア）内部環境の変化（金融機関内部の融資方針、管理態勢の見直し、融資ポートフォリオの変化など）

（イ）外部環境の変化（相対的にミクロな指標（特定地域の不動産データや船舶種別傭船料等）とマクロな指標（GDP、金利、為替、失業率等））

（ウ）貸出条件先の信用状態に大きな影響を与え得る出来事（例：大規模な災害、産業構造の変化、規制の導入、競合他社の参入等）

　いずれも例示であって、必ずしも上記に限られるものではないと考えるが、

上記a.で述べた検証可能性やガバナンス等の観点からは、反映する情報が引当対象のポートフォリオに内在する信用リスクとどのような関係にあるのかを客観的に疎明できるよう、選定プロセスを明確にする必要があると考える。

d．大口与信先債権についての考え方

DPは、要管理先や景気変動等の影響を受けて債務者区分が変動しやすい貸出先等であって、経営に大きな影響を与えるような大口与信先等、他の貸出先とリスク特性が異なる場合は個別に引当を見積もることが考えられる点に言及している。個別見積りの方法については、与信額、ボラティリティ等を考慮した経営上の重要性、個別貸出のリスク特性や金融機関の方針等に照らして、適切な方法を選択すべきとし、以下の方法を例示している。

（ア）DCF法

（イ）PD法

（集合的な見積りにおいて貸倒実績率法を採用している金融機関であっても、大口与信先に関しては、過去・現在・将来の信用リスク情報（業種特性、景気感応度等）勘案した倒産確率（Probability of Default）と倒産時損失率（Loss Given Default）を用いて個別に予想損失額を算出することが考えられる。

（ウ）債権額から市場における売却可能見込額を減じる方法

このうち、DCF法に関し、JICPAが公表する「銀行等金融機関において貸倒引当金の計上方法としてキャッシュ・フロー見積法（DCF法）が採用されている場合の監査上の留意事項」のなかで例示する二分岐の決定モデルによる方法は、過度に複雑な見積過程を要するとの指摘もあるため、JICPAに対して一定数以上の個別見積りを行うために適した方法を検討・研究するよう要請されている。

なお、正常先であっても他の貸出とリスク特性が異なる貸出先で、（足元の財政状態や経営成績に問題がなくとも）景気サイクルの影響を受けやすく将来のキャッシュ・フローの変動性が高い場合には、将来のキャッシュ・フローの変動性も考慮した見積りを行うことが適切とされている。

（3）個別貸倒引当金に関する留意点

破綻懸念先に関する評価に関し、DPでは、債務者の実質的な財政状態（債

務超過性）を把握することは重要であるが、最終的には、元本及び利息の回収に重大な懸念があり、貸出の全部又は一部の貸倒れに至る可能性が高いかどうかが重要である点を明記している。

そのため、破綻懸念先かどうかの判定においては、貸出先の過去の経営成績や経営改善計画だけでなく、事業の成長性・将来性や金融機関による再生支援等も勘案した、実質的な返済可能性（将来のキャッシュ・フロー）の程度を重視すべき旨を強調すると共に、自己査定の検証に関する着目点として、（ａ）経済合理性のない追い貸しがなされていないか、（ｂ）貸出先の状況を把握できているか、（ｃ）正常先や要注意先からの突発破綻が不自然に増えていないかが例示されている。実務上は、金融仲介機能を発揮すべく事業性評価に基づく再生支援等に取組む方針と、廃業リスクの顕在化等に伴う突発破綻に備えた適切な予兆管理を求められる方針との間で悩ましい与信運営を迫られるケースが多いと思われる。

また、DPは、旧金融検査マニュアルに基づく引当算定方法に関し、以下を含むいくつかの方法が実務上定着しており、個別貸出のリスク特性や各金融機関の方針等に合った方法を採用すべき旨を明記している。
①個別の債務者毎に担保・保証等による回収見込額（Ⅰ・Ⅱ分類）を控除した上で、残額（Ⅲ分類額）に対して必要な引当を設定
　（Ⅲ分類額に対する引当の算定方法）
　（ア）予想損失率法
　（イ）キャッシュ・フロー控除法
②債権額から市場における売却可能見込額を減じる方法
③大口与信先に対するDCF法の適用

（4）ディスクロージャーに関する留意点

信用リスク情報の引当への反映をはじめ、各金融機関が独自に創意工夫し、上記で述べた貸倒引当金に係る見積り方法や算定方法の見直しを行うと、それらの方法や引当影響額は金融機関ごとに相当のばらつきが生じると想定される。したがって、上記３．（２）ａで述べたように、財務諸表利用者にとっての比較可能性の観点からは、個別債務者に関する憶測を招くような可能性に留意し

つつ、引当金に係る見積り方法や算定方法の開示や注記を充実させることが重要である。

　開示に関しては制度改正がなされ、「企業内容等の開示に関する内閣府令の一部を改正する内閣府令」（平成31年1月31日内閣府令第3号）に基づき、有価証券報告書等に記載する財務情報及び記述情報の充実が要求されているところ、償却・引当の見積り方法を創意工夫する対象とされる融資ビジネスや融資ポートフォリオ等に「事業等のリスク」を識別している場合には、顕在化する可能性の程度や時期、リスクの事業へ与える影響の内容、リスクへの対応策について府令（企業内容等の開示に関する内閣府令第二号様式記載上の注意(31)、第三号様式 記載上の注意（11）等）に基づく開示が求められることから、与信所管部や経理部門等の関係部署間で開示内容を協議する必要がある。

　また、財務諸表注記に関し、現行実務では、銀行法施行規則に基づいて一般社団法人全国銀行協会が作成した別紙様式のひな型に記載されている「記載上の注意」のひな型文案を踏襲してきた銀行等金融機関が多いと思われるが、今後は銀行等監査特別委員会報告第4号において明記された留意事項（例えば、①今後の予想損失額を見込む一定期間、②貸倒実績率または倒産確率の適用におけるグルーピング、③貸倒実績率または倒産確率による貸倒引当金の計上における将来見込み等必要な修正および貸倒実績率または倒産確率の補正、については多様な方法が考えられるため、財務諸表利用者の理解に資する適切な記載が必要と考えられること）を踏まえ、金融機関ごとに文言や会計上の見積りの変更に係る注記要否を検討し、財務諸表利用者の理解に資する注記内容を開示するケースが増加することから、開示と同様に関係部署間の協議や会計監査人との協議を計画的に進めるのが望ましいと考える。

　上記に加えて、監査基準の改訂に伴い、監査報告書に監査上の主要な検討事項（Key Audit Matters；KAM）が記載されることとなり、適用時期は2021年3月期からとされているが、監査に関する情報提供の早期の充実や実務の積上げによる円滑な導入を図る観点から、特に東証一部上場企業については可能な限り2020年3月期の監査より早期適用されている。KAMは、監査の過程で監査役等と協議した事項の中から、特に注意を払った事項を決定し、さらに、当年度の監査において、職業的専門家として特に重要であると会計監査人が判

断した事項を絞り込んで決定する。KAMが制度上先行している欧州の法域では、銀行等金融機関の監査報告書において貸出金の減損がKAMとして記載される事例が多くみられる。我が国においても、DPを踏まえた引当対応も含めてKAMの対象となる可能性があり、会計監査人は各金融機関の対応状況を踏まえつつ検討を進める必要がある。

4. 今後に向けて

DPは、現行実務を否定するものではない旨を明確にしている一方、DPの別紙に記載された「自己査定・償却・引当の現状の枠組み」には、旧金融検査マニュアルの該当部分と一部異なる内容が含まれていることから、引続き金融庁の対処方針を注視していく必要がある。

また、DPの考え方に沿った銀行等金融機関の対応を考えると、上記2.（2）で述べたように、経営戦略や融資方針の再点検を踏まえて将来的な貸倒引当金の不足や安定性に係る課題を正しく把握することが必要になる。DPの公表時期に照らして、2021年3月期決算に向けて今後検討を進めていく銀行等金融機関が多いと推察されるが、例えば信用リスク情報を引当へ反映する際に必要となるデータの特定・蓄積をはじめ、具体的な見積り方法の検討や、検証プロセス及びガバナンス体制等の整備には相当程度の期間を要すると考えられることから、銀行等金融機関は計画的に検討を進めると共に、会計監査人と協議を実施していく必要がある。

＊　　　　＊　　　　＊

※本稿は、藪原康雅（有限責任監査法人トーマツ・公認会計士）「金融検査マニュアル廃止による自己査定と償却・引当への影響」（月刊『銀行実務』2020年1月号）を改訂・再編集して掲載しました。

第4章　出題

■ 第81回関連出題 ■

第1問 （第81回）

　「検査マニュアル廃止後の融資に関する検査・監督の考え方と進め方」（令和元年12月）における金融機関の個性・特性に即した実態把握に関する次の記述について、最も不適切な選択肢を一つ選びなさい。

（1）金融機関がどのような環境にあって、何を目指しているのか（経営理念）を把握する。

（2）金融機関の営業地域及び顧客基盤と融資方針との関係を検討する。

（3）金融機関との対話に当たっては、当局側の思い込みや仮説の押し付けを行わず、事実から出発し、事実に立ち戻り、事実を最優先することを、検査・監督の全過程を通じて徹底する。

（4）金融機関が経営理念の達成のためにどのような融資方針を採っているのかを把握する。

（5）金融機関の融資業務からどのような信用リスクが生じるのかといった観点から実態把握を行う。

解答：P.238

第2問 （第81回）

　「検査マニュアル廃止後の融資に関する検査・監督の考え方と進め方」（令和元年12月）において提示されている今後の融資に関する検査・監督の進め方のイメージに関する次の記述について、最も不適切な選択肢を一つ選びなさい。

（1）顧客等、地域のステークホルダーとの対話を通じて、地域経済、競争環境、個別金融機関の取組み等についての実態把握を行うことも想定される。

（2）当局が、金融機関の個性・特性に即した実態把握を行うために着眼する

項目の1つとして、今後の経営方針に関する経営陣の議論状況が挙げられる。

（3）配賦可能な自己資本が比較的限られている場合、経営方針との整合性や収益管理の実施状況と資本配賦の効率性の双方に着眼して実態把握をする。

（4）ボラティリティの高い業種については、過去の貸倒れの実績や内部格付の遷移状況と外部環境の変化との関係等に着目して、実際の景気変動の影響等を検証することも考えられる。

（5）金融機関が策定した経営計画や方針と実際の融資業務との整合性に着眼して実態把握をする場合、コア先との関係性についてはモニタリング対象に含まれない。

■ 第80回関連出題 ■

第3問　　　　　　　　　　　　　　　　　　　　　　　　　　　　　（第80回）

　「検査マニュアル廃止後の融資に関する検査・監督の考え方と進め方」（令和元年12月）における金融機関の個性・特性に即した実態把握に関する次の記述について、最も不適切な選択肢を一つ選びなさい。

（1）金融仲介機能の発揮状況をより深く理解するための個別貸出についての対話や、融資審査、期中管理、信用リスク管理、自己査定、償却・引当等の融資に関する各態勢の実効性評価のための個別貸出の検証も必要に応じて行う。

（2）金融機関の置かれた環境や、目指している経営理念、そのために採っている融資方針等に着目して対話を行う。

（3）金融機関の融資業務からどのような信用リスクが生じるのかといった観点から実態把握を行う。

（4）金融機関との対話にあたっては、当局側の思い込みや仮説の押し付けを行わず、事実から出発し、事実に立ち戻り、事実を最優先することを、検査・監督の全過程を通じて徹底する。

（5）対話を通じて把握した融資ポートフォリオの信用リスクをベースとして、償却・引当の水準の適切性及び経営戦略におけるリスクテイクや内部管理態勢のあり方に焦点を当てて議論していく。

解答：P.238

第4問　　　　　　　　　　　　　　　　　　　　　　　　　　　（第80回）

　「検査マニュアル廃止後の融資に関する検査・監督の考え方と進め方」（令和元年12月）における「把握した実態に基づく対話の例」に関する次の記述について、最も不適切な選択肢を一つ選びなさい。

（1）重要な信用リスクの特定・評価・対応の例として、注力している中小企業向け貸出について、景気変動の影響が小さい（ボラティリティが低い）ことが確認された場合は、顧客特性等や金融機関の内部環境の変化の有無に関わらず過去の実績をベースとして信用リスクを推計する旨が挙げられている。

（2）重要な信用リスクの特定・評価・対応の例として、不動産賃貸業者向け貸出については、当該地域の過去の空室率や賃料水準の変動に伴って、貸倒れが増減する傾向にあることが確認された場合には、過去の実績に加え、これらの外部環境の変化をも考慮して信用リスクを推計し、金融機関が実質的な自己資本や適切な引当の水準をどのように考えているかを対話する旨が挙げられている。

（3）大口与信先の与信管理の例として、経営に対して大きな影響を及ぼす可能性のある大口与信先の信用状況や財務状況（貸出の資金使途、債務者の事業の今後の見通し、将来のキャッシュフロー等）の把握やモニタリングの状況が挙げられている。

（4）金融仲介機能の発揮の例として、例えば、「営業店の目利き力向上により地元で中小企業向け融資を伸ばすとともに、業績が悪化した地元のコア先に対して積極的に再生支援していく」という金融機関の方針が、営業現場においてどのように実現され、顧客に付加価値を提供しているかを把握し、金融機関のガバナンスの発揮状況について対話する旨が挙げら

れている。

（5）金融仲介機能の発揮の例として、上記（4）で述べた方針の実現に寄与している要因や、実現を困難にしている要因を具体的に明らかにし、当局と金融機関との間で今後の課題を共有することが挙げられている。

解答：P.239

第5問

「検査マニュアル廃止後の融資に関する検査・監督の考え方と進め方」（令和元年12月）において述べられている一般貸倒引当金の見積りにあたっての視点に関する次の記述について、最も不適切な選択肢を一つ選びなさい。

（1）信用リスクに関する情報は、様々な情報が考えられるが、どのような情報をどの程度勘案すべきかは、各金融機関の融資方針や融資ポートフォリオの特性等によっても異なると考えられる。

（2）引当に反映する信用リスク情報は、合理的で裏付け可能であることを要するが、過大なコストや労力を掛けずに利用可能である限り、信用リスクの減少につながる情報を優先して考慮する必要があると考えられる。

（3）足元の情報や将来予測情報を勘案した引当の見積りは、見積りの不確実性と経営陣の判断を伴うため、適切なガバナンスと内部統制により、当該見積りプロセスの公正性を担保する必要がある。

（4）例えば、金融機関の経営者としては、利益水準が下がる不況期においては、信用リスクの実態に反して、引当金繰入額が減るか、または引当金戻入額が増えるような見積りを行う恣意性が働きかねないが、このような見積りは、適正な財務報告の観点からも許容されるものではなく、検査・監督においても許容されるものではない。

（5）将来的にはAI等を含めたIT技術を引当の見積りに活用することも考えられるものの、その活用に際しては、導入プロセスの見える化等、見積りの過程の検証可能性を確保することが必要である。また、データやモデルの精度は、あくまでも上記関係者が判断を行うために必要な水準であれば足り、その作業自体が自己目的化し、必要以上に精緻化することは

本来の趣旨に反する。

解答：P.239

■ 第78回関連出題 ■

第6問 （第78回）

　「検査マニュアル廃止後の融資に関する検査・監督の考え方と進め方」（令和元年12月）における金融機関の個性・特性に即した実態把握に関する次の記述について、最も不適切な選択肢を一つ選びなさい。

（1）金融機関の置かれた環境や、目指している経営理念、そのために採っている融資方針等に着目して対話を行う。

（2）金融機関との対話にあたっては、当局側の思い込みや仮説の押し付けを行わず、事実から出発し、事実に立ち戻り、事実を最優先することを、検査・監督の全過程を通じて徹底する。

（3）金融仲介機能の発揮状況をより深く理解する目的で個別貸出についての対話は行うが、融資に関する各態勢の実効性評価を目的とした個別貸出の検証は行われない。

（4）金融機関の実際の融資業務の進め方や収益状況と融資方針との関係を検討する。

（5）金融機関の融資業務からどのような信用リスクが生じるのかといった観点から実態把握を行う。

解答：P.239

第4章

237

〔第１問〕

正　解：（２）　　　　　　　　　　　　　　　　　　　　　　正答率：8.9%

（１）「検査マニュアル廃止後の融資に関する検査・監督の考え方と進め方（金融庁）」（Ｐ７）記載のとおりである。

（２）同上（Ｐ７）金融機関の実際の融資業務の進め方や収益状況と融資方針との関係を検討する。よって、誤り。

（３）同上（Ｐ７）記載のとおりである。

（４）同上（Ｐ７）記載のとおりである。

（５）同上（Ｐ７）記載のとおりである。

〔第２問〕

正　解：（５）　　　　　　　　　　　　　　　　　　　　　　正答率：90.5%

（１）「検査マニュアル廃止後の融資に関する検査・監督の考え方と進め方（金融庁）」（Ｐ８）記載のとおりである。

（２）同上（Ｐ８）記載のとおりである。

（３）同上（Ｐ９）記載のとおりである。

（４）同上（Ｐ９）記載のとおりである。

（５）同上（Ｐ８）コア先との関係性についてもモニタリング対象に含まれる。よって、誤り。

〔第３問〕

正　解：（５）　　　　　　　　　　　　　　　　　　　　　　正答率：19.7%

（１）～（４）「検査マニュアル廃止後の融資に関する検査・監督の考え方と進め方（金融庁）」に記載のとおりである。

（5）実質的な自己資本の十分性、収益状況等も考慮してビジネスモデルの持続可能性についても議論していくとある。よって、誤り。

〔第4問〕

正　解：（1）　　　　　　　　　　　　　　　　　正答率：85.2%

（1）顧客特性等や金融機関の内部環境が変化していなければ過去の実績をベースとして信用リスクを推計する旨が述べられている。よって、誤り。

（2）～（5）「検査マニュアル廃止後の融資に関する検査・監督の考え方と進め方（金融庁）」に記載のとおりである。

〔第5問〕

正　解：（2）　　　　　　　　　　　　　　　　　正答率：56.9%

（1）（3）～（5）「検査マニュアル廃止後の融資に関する検査・監督の考え方と進め方（金融庁）」に記載のとおりである。

（2）過大なコストや労力を掛けずに利用可能である限り、信用リスクの増大につながる情報と減少につながる情報を偏りなく考慮する必要があるとされる。よって、誤り。

〔第6問〕

正　解：（3）　　　　　　　　　　　　　　　　　正答率：94.0%

（1）（2）（4）（5）「検査マニュアル廃止後の融資に関する検査・監督の考え方と進め方」に記載のとおりである。

（3）融資審査、期中管理、信用リスク管理、自己査定、償却・引当等の融資に関する各態勢の実効性評価のための個別貸出の検証も必要に応じて行う。よって、誤り。

一般社団法人 金融検定協会認定

資産査定3級検定試験模擬問題集　24年度試験版

2024年3月20日　発行
　1刷　2024年3月20日

編　者　金融検定協会

発行者　星野　広友

発行所　🅱🅱 株式会社銀行研修社

東京都豊島区北大塚3丁目10番5号
電話　東京 03(3949)4101(代表)
振替 00120-4-8604

印刷／株式会社キンダイ
製本／株式会社中永製本所
落丁・乱丁はおとりかえいたします。
ISBN978-4-7657-4708-0 C3033